本著作为"赣南师范大学学科协同创新培育项目：赣南苏
究"成果之一

人力资源管理新探
——组织和主管支持感与员工忠诚度互动影响关系

袁庆林　著

中国时代经济出版社

图书在版编目（CIP）数据

人力资源管理新探：组织和主管支持感与员工忠诚度互动影响关系 / 袁庆林著 . —北京：中国时代经济出版社，2019.6
ISBN 978-7-5119-2895-5

Ⅰ.①人… Ⅱ.①袁… Ⅲ.①人力资源管理—研究 Ⅳ.①F243

中国版本图书馆 CIP 数据核字（2019）第 110993 号

书　　名：	人力资源管理新探——组织和主管支持感与员工忠诚度互动影响关系
	RENLI ZIYUAN GUANLI XINTAN——ZUZHI HE ZHUGUAN ZHICHIGAN YU YUANGONG ZHONGCHENGDU HUDONG YINGXIANG GUANXI
作　　者：	袁庆林
出版发行：	中国时代经济出版社
社　　址：	北京市丰台区玉林里 25 号楼
邮政编码：	100069
发行热线：	（010）63508271　63508273
传　　真：	（010）63508274　63508284
网　　址：	www.icnao.cn
电子邮箱：	sdjj1116@163.com
经　　销：	各地新华书店
印　　刷：	旭辉印务（天津）有限公司
开　　本：	710 毫米×1000 毫米　1/16
字　　数：	210 千字
印　　张：	10
版　　次：	2019 年 6 月第 1 版
印　　次：	2019 年 6 月第 1 次印刷
书　　号：	ISBN 978-7-5119-2895-5
定　　价：	45.00 元

本书如有破损、缺页、装订错误，请与本社发行部联系更换
版权所有　侵权必究

作者简介

袁庆林，男，现为赣南师范大学商学院副教授、硕士生导师；2002年在北京师范大学获得管理学硕士学位，2015年在中国人民大学获得管理学博士学位。近年来主要从事管理学、组织行为和人力资源管理教学与研究工作，主持和参与完成省级以上科研课题7项、市厅级课题4项，主持完成省级重点课题1项、大型横向课题1项，在研江西省社科规划课题1项、大型横向课题1项，参与获得省级科研成果二等奖1项。在核心及省级以上刊物发表相关学术论文15篇，参加国际学术会议交流论文1篇。论文研究主题包括组织结构演变、高校人力资源管理、高校教师培训、高校教师绩效管理、管理学案例教学等。在社会工作方面，参与了赣州市政府物流产业发展规划制订、赣州市中小企业总裁培训、赣州市委组织部县处级干部培训和地方中小企业培训等工作。

内容简介

　　本书系统深入地探讨了组织和主管支持感如何影响员工对待组织和直接主管的情感反应，进而又如何影响员工对待组织和直接主管的态度（如离职倾向），全面考察了组织情境，对员工情感反应和相关工作态度（如本研究中的离职倾向）的影响。以某国企为例，收集数据，应用实证研究方法，得出企业人力资源管理的新启示：注重提升员工对组织和主管支持的感知，有利于直接降低员工的离职意愿；通过营造好的工作氛围，增加员工积极的情感体验和情感反应，进而提升员工对待组织和主管的积极态度，降低员工的离职倾向等。

| 摘　　要 |

　　组织中的社会交换活动是多主体、多层次、多方向进行的。其中，员工与组织、员工与直接主管之间的交换活动，受到了人们的极大关注。员工与组织的交换关系主要包括两个方面：一是组织对员工的关心和支持，二是员工对组织的承诺与忠诚。员工与直接主管的交换关系也主要包括两个方面：一是直接主管对员工的关心和支持，二是员工对直接主管的承诺与忠诚。但现有成果基本上将上述两种交换关系独立开来研究，而将这两者放在一个系统中进行研究的不多。然而，实际上员工与组织、员工与直接主管之间的交换，往往是交叉重叠地发生的。那么，来自直接主管和组织的支持是否会产生员工对应的直接主管和组织忠诚，并导致员工对应的积极或消极结果呢？在中国情境下，组织中的社会交换活动会不会发生参照体转换呢？如主管支持感会不会引发员工对组织的忠诚，来自组织的支持又会不会引发员工对直接主管的忠诚呢？已有的研究分别验证了从组织支持感到组织承诺、从主管支持感到主管承诺这两条平行路径，但对于同时出现这两条平行路径，特别是又出现了从组织支持感到主管承诺、从主管支持感到组织承诺这两条交叉路径时，人们又会如何选择路径，尤其是选择交叉路径的边界条件是什么，则还没有相关研究。

　　本研究在吸取前人经验的基础上，在充分考虑员工与组织及直接主管交换过程中会存在参照体转换的情况下，来探讨组织和主管支持感如何影响员工对待组织和直接主管的情感反应，进而又如何影响员工对待组织和直接主管的态度（如离职倾向）。因而，本研究更加全面地考察了组织情境对员工情感反应和相关工作态度（如本研究中的离职倾向）的影响。

本研究侧重探讨五个方面的问题：（1）主管支持感和组织支持感分别对员工离职倾向产生影响的直接效用问题。（2）组织忠诚在组织支持感与员工离职倾向之间的中介效用、主管忠诚在主管支持感与员工离职倾向之间的中介效用问题。（3）主管组织地位和领导成员交换分别在组织支持感与主管忠诚之间的调节效用、主管感知的组织原型在主管支持感与组织忠诚之间的调节效用问题，也就是要探讨从组织支持感到主管忠诚、从主管支持感到组织忠诚的参照体转换问题。（4）主管忠诚中介组织支持感与离职倾向的关系，是否受到主管组织地位和领导—成员交换关系（Leader-member Exchange，简称LMX）的调节问题；组织忠诚中介主管支持感与离职倾向的关系，是否受到主管组织原型的调节问题。（5）比较主管支持感和组织支持感对离职倾向影响效用的大小问题；主管忠诚中介组织支持感（或主管支持感）与离职倾向的效用，是否大于组织忠诚中介组织支持感（或主管支持感）与离职倾向的效用问题。

在研究进程方面，本研究首先进行相关理论和文献的回顾，推演出相关研究假设，构建研究模型，然后应用西方和香港著名学者开发的成熟问卷实施相关调查，收集数据后进行相关整理，再应用相关统计软件进行数据处理，从而对假设进行相关验证，最后进行相关分析、讨论与展望。本研究调查单位为新疆维吾尔自治区乌鲁木齐市一家国有独资工业企业。该公司现有职工3200多人，其中不少是第二代乃至第三代扎根山区的子弟兵后代，他们中的许多人从出生、成长、学习到就业都没有离开过企业，对企业有着特殊的情感。当前随着我国经济的整体下行，特别是房地产行业进入调整期，该公司主导产品电石、煤炭等价格不断下降。加之公司生产基地地处亚洲一号冰川和乌鲁木齐河水源地保护范围，公司面临战略重组、异地再造等紧迫任务。因此，当前公司人员一方面对公司乃至直接主管依依不舍，怀有深厚情感；另一方面又为公司前途担忧，萌生了离职念头。公司目前的这种状态，正好比较切合本论题的研究。本研究采用配对问卷调查方式，分别设计了员工卷和主管卷，共在调查单位发放主管问卷83份、员工问卷350份；

共回收主管问卷72份、员工问卷316份，回收率分别为86.7%和90.3%；回收的有效主管问卷67份、员工问卷306份，有效问卷比率分别为80.7%和87.4%。

本研究设两个分析层次，第一层次包括员工方面的变量，第二层次包括主管方面的变量。在本研究第二层次变量直接主管的组织地位由团队成员回答，采用聚合法（Aggregation）发展而来。在分析工具选择方面，本研究采用SPSS19.0进行相关变量层级回归分析（Hierarchical Regression Analysis）。而由于直接主管组织地位和主管组织原型为第二层次变量，故采用HLM6.0对相关假设进行检验。在数据分析中，本研究首先检验问卷的内部一致性系数、共同方法偏差和兴趣变量间的区分度，然后再进行描述性统计分析和假设检验。

研究结果表明：(1) 组织支持感和主管支持感，都能够负向预测员工的离职倾向。(2) 组织忠诚能够中介组织支持感与员工离职倾向之间的负向关系，主管忠诚能够中介主管支持感与员工离职倾向之间的负向关系。(3) 直接主管组织地位能够正向调节组织支持感与主管忠诚之间的关系，领导成员交换能够负向调节组织支持感与主管忠诚之间的关系，主管感知的组织原型能够正向调节主管支持感与组织忠诚之间的关系。(4) 主管忠诚中介组织支持感与员工离职倾向的关系，会受到主管组织地位的正向调节；主管忠诚中介组织支持感与员工离职倾向的关系，会受到LMX的负向调节；组织忠诚中介主管支持感与员工离职倾向的关系，会受到主管组织原型的正向调节。(5) 主管支持感对员工离职倾向的影响大于组织支持感对员工离职倾向的影响；主管忠诚中介组织支持感与员工离职倾向的效用，要大于组织忠诚中介组织支持感与员工离职倾向的效用；主管忠诚中介主管支持感与员工离职倾向的效用，要大于组织忠诚中介主管支持感与员工离职倾向的效用；这三项假设均没有得到验证。

随后，本研究对上述实证研究结果进行相关讨论。研究发现，组织和主管支持感除了能够直接降低员工的离职倾向外，还会分别通过组织和主管忠诚的中介作用来降低员工的离职倾向；在组织中存在参照体转换的背景下，组织和主管支持感能够影响员工的情感反映，进而影响员工的离职倾向；在比较组织和主管支持感对员工离职倾向效用大小时，考虑多重中介优势，有利于发现组织中的潜在机制和情境限制。而对于直接效用比较假设和有调节的中介效用比较假设，均没有得到有效验证。本研究认为，这很可能是受到老牌兵团企业中第二代乃至第三代扎根山区的子弟兵后代偏多的组织情境因素的影响。因为这些员工与企业的情感联系可谓一辈子，企业对待他们的离职与辞退也十分谨慎。相对而言，员工与直接主管关系的建立，则要短暂得多。所以，在本研究中上述假设没有得到验证，也在情理之中。

本研究对于组织管理的启示主要有：注重提升员工对组织和主管支持的感知，将有利于直接降低员工的离职意愿；通过营造好的工作氛围，增加员工积极的情感体验和情感反应，进而提升员工对待组织和主管的积极态度，能够降低员工的离职倾向；重视提升主管的组织地位和主管的组织原型代表性，根据领导成员交换关系水平调整组织或主管的支持策略，促进组织中相关交换关系的参照体转换，能够提升组织与主管支持感对员工的作用效果，进一步降低员工离职倾向；老牌国有企业除了要保持组织支持感对员工的良好效用外，还应重视提升主管的组织原型代表性，提升主管支持感对员工的积极效用。上述管理措施，将有利于提升员工对组织支持或主管支持的感知，增强员工对组织或主管的情感承诺与忠诚，提高主管与组织的融合程度，并促进组织内部社会交换中的参照体转换，提升员工对组织和主管的积极情感反应，进一步降低员工离职倾向。

本研究的不足之处主要有：调查单位比较单一、样本容量不大、仅收集了横截面数据，还存在同源误差问题。从组织和主管支持感到组织和主管忠诚之间，还有诸多因素（如员工对组织或主管的责任感、义务感、认同度、信任度等）需要考虑；而且影响员工与组织或主管交换中参照体转换的边界条件也有许多因素。上述这些，还需要在今后做更加深入的研讨。

关键词：组织支持感；主管支持感；员工忠诚度；离职倾向；参照体转换

| 目 录 |

第一章 绪论 ·········· 1

第一节 研究背景 ·········· 1

第二节 研究目的 ·········· 3

第三节 研究意义 ·········· 4

第四节 研究问题 ·········· 5

第五节 结构安排 ·········· 5

第二章 理论基础 ·········· 8

第一节 经典激励理论 ·········· 8

第二节 社会交换理论 ·········· 10

第三节 自我决定理论 ·········· 15

第四节 情感事件理论 ·········· 18

第五节 组织认同理论 ·········· 21

第六节 理论总评 ·········· 23

第三章 文献综述 ·········· 25

第一节 组织支持感研究述评 ·········· 25

第二节 主管支持感研究述评 ·········· 29

第三节 员工忠诚度研究述评 ·········· 32

第四节 离职倾向研究述评 ·········· 39

第五节 组织地位相关研究述评 ·········· 41

第六节　领导成员交换研究述评 ·················· 45
第七节　群体原型研究述评 ······················ 47

第四章　研究假设与模型 ···························· 51
第一节　研究假设 ····························· 51
第二节　研究模型 ····························· 66

第五章　研究设计 ································ 68
第一节　研究程序 ····························· 68
第二节　问卷选取 ····························· 69
第三节　样本选择 ····························· 71
第四节　分析技术 ····························· 74

第六章　研究结果 ································ 76
第一节　各个问卷的内部一致性系数 ················· 76
第二节　数据分析 ····························· 76
第三节　假设检验结果 ·························· 79

第七章　讨论与结论 ······························ 93
第一节　结果汇总 ····························· 93
第二节　研究发现 ····························· 94
第三节　管理启示 ····························· 101
第四节　创新与不足 ··························· 105
第五节　结论与展望 ··························· 106

参考文献 ···································· 108

附录 ······································ 139

后记 ······································ 146

图表目录

图 1-1　本研究的逻辑结构与内容安排 ················· 7
图 2-1　情感事件理论整体架构 ······················· 19
图 4-1　研究模型 ··································· 67
图 6-1　主管组织地位的调节效用 ····················· 84
图 6-2　LXM 的调节效用 ····························· 85
图 6-3　主管组织原型的调节效用 ····················· 86
图 6-4　主管组织地位对间接效应的调节作用 ··········· 88
图 6-5　领导成员交换对间接效应的调节作用 ··········· 89
图 6-6　主管组织原型对间接效应的调节作用 ··········· 90

表 5-1　员工的人口学背景资料 ······················· 72
表 5-2　主管的人口学背景资料 ······················· 73
表 6-1　兴趣变量之间的概念区分度检验 ··············· 78
表 6-2　相关矩阵 ··································· 79
表 6-3　组织支持感、主管支持感对员工离职倾向的直接影响 ······ 80
表 6-4　组织支持感对员工离职倾向的影响：以组织忠诚度为中介 ····· 81
表 6-5　主管支持感对员工离职倾向的影响：以主管忠诚度为中介 ····· 82
表 6-6　主管组织地位对组织支持感影响主管忠诚度的调节作用 ······· 83
表 6-7　领导成员交换对组织支持感影响主管忠诚度的调节作用 ······· 84
表 6-8　主管组织原型对主管支持感影响组织忠诚度的调节作用 ······· 85
表 6-9　系数估计值：以主管组织地位为调节 ··········· 87

表 6-10　简单效应分析：以主管组织地位为调节 …………………… 87

表 6-11　系数估计值：以领导－成员交换为调节 …………………… 88

表 6-12　简单效应分析：以领导－成员交换为调节 …………………… 88

表 6-13　系数估计值：以主管组织原型为调节 …………………… 89

表 6-14　简单效应分析 …………………………………………… 89

表 6-15　主管支持感、组织支持感对员工离职倾向的优势分析 ………… 90

表 6-16　组织支持感通过组织忠诚、主管忠诚影响员工离职倾向的
　　　　 中介作用比较 …………………………………………… 91

表 6-17　主管支持感通过组织忠诚、主管忠诚影响员工离职倾向的中
　　　　 介作用比较 ……………………………………………… 92

表 7-1　研究假设的检验结果汇总表 ……………………………… 93

第一章 绪 论

本章主要阐述研究的背景、目的、意义及研究的具体问题和大致的结构安排。

第一节 研究背景

在传统的组织行为与人力资源管理研究中,人们一直比较关注员工对组织的承诺与忠诚,强调员工对组织应有积极的工作态度。但艾森伯格、亨廷顿、哈奇森和索娃(Eisenberger, Huntington, Hutchisom 和 Sowa, 1986)认为,还应该考虑组织对员工的支持与承诺问题,因为组织与员工之间是一种互惠互利的交换关系。因此,他们提出了"组织支持感"(Perceived Organizational Support,简称 POS)概念,意指员工对于组织重视其贡献、关心其福祉程度的总看法。而在日常经营活动中,组织的规章、制度、政策和程序等,主要是通过员工的直接主管(Supervisor)来加以落实的。组织文化、传统、惯例和规则的传承与变革,也都与直接主管有密切的关系。对员工来说,直接主管在很大程度上就是组织在一定层级的象征和代表;组织也正是通过直接主管的代理活动,来对员工直接行使管理权与监督权;直接主管往往还具有指导员工和评估员工绩效的最大权利及主要责任。因此,员工往往会把直接主管如何对待自己,看作组织对自己支持程度的一个重要"指示器"。科特和莎拉芬斯基(Kottke 和

Sharafinski, 1988）延续了艾森伯格等人自上而下承诺的思想，认为员工和直接主管之间的承诺也是相互对应的，双方之间也是一种社会交换关系。一方面，直接主管要为员工提供相关支持，并且这种支持能够被员工真切地感受到；另一方面，根据互惠原理，感觉到主管支持的员工，就会对直接主管产生相应的责任感和义务感，从而更加忠诚于直接主管，并会想方设法以更好的绩效来回报直接主管对自己的恩惠。科特等人（1988）为此就提出了"主管支持感"（Perceived Supervisor Support，简称PSS）概念，意指员工对主管重视其贡献、关心其福祉程度的总看法。

自"组织支持感"和"主管支持感"这两个概念提出以来，西方学者就其测量、前因与结果变量等，开展了许多卓有成效的研究。但在中国，过去很长一段时间内，劳动者长期不为主管和组织所重视，劳动者的权益也长期得不到有效保障。因而，"组织支持感"和"主管支持感"的相关研究，迟迟未得到恰当展开。这可能是因为，中国经济在全球产业分工中长期处于比较低端的水平，导致中国员工的价值创造水平比西方偏低，同时中国作为人力资源大国，劳动力资源长期处于过剩状态，因而劳动力成本一直比较低。在中国劳动力市场中，买方长期处于主导地位，拥有规则制定权，而劳动者则比较被动，没有多大话语权。然而，随着中国对劳动者权益保护立法的加强、以"民工荒"为代表的劳动力市场结构性短缺的出现、劳动力成本的快速上升和劳资纠纷的大量涌现等，近年来中国劳动力市场的主导权正由买方逐渐转变为卖方，劳动者的选择权和话语权正在逐渐增加。在此背景下，中国员工的组织和主管支持感问题才开始逐渐受到中国学术界的重视。本研究以中国某企业为调查单位，对企业中的员工及其直接主管进行配对问卷调查、收集数据，应用实证研究方法，探讨了在特定组织制度化环境下，中国企业中员工的组织和主管支持感，对员工情感和态度的影响机制；特别期望探讨清楚，在存在参照体转换的现实背景下，组织和主管支持感对员工情感和态度影响的路径与边界条件等；同时也要说明中国组织中，员工的"公忠"和"私忠"对员工态度（本研究中主要探讨员工离职倾向）有何不同影响。

本研究主要基于中国一家老牌国有工业企业,该企业主要生产基地地处偏僻山区,又属煤炭采掘和电石冶炼等低端产业,企业职工队伍到目前仍以第一批兵团战士的二代乃至三代后人为主。在当前我国经济转型、产业升级的大背景下,该企业正面临改制、兼并、重组、异地迁建等重大战略选择,因而该企业正处于蜕变前的诸多阵痛之中。但令企业割舍不下的是那些在深山地区"献了青春,献子孙"的员工队伍,这似乎也成了中国老牌国有企业对社会应尽的责任和义务。然而,在社会主义市场经济条件下,老牌国有企业及其代理人(如直接主管)对员工的一片忠诚,能够换回员工的相应回报吗?组织和主管对员工的支持,能够打动员工的情感,激发员工对组织和主管的热情吗?在这困难时刻,革命后代中的二代乃至三代员工会要离开组织吗?基于上述这家中国老牌国有企业及其员工队伍的典型特征,本研究对上述问题的研究结果,将具有一定的典型意义。

第二节　研究目的

　　组织中的角色交换话题由来已久,其中的一个研究视角就是基于社会交换理论来进行。布劳(Blau,1964)认为,组织中的社会交换是一种非正式的权利义务关系。当一个人对他人做了好事的时候,他就会在内心产生获得他人未来回报的期待。但古尔德纳(Gouldner,1960)认为,这种回报会在什么时候及以什么方式发生,通常是不知道的。在组织中,有两种类型的互惠交换关系——员工与组织之间的交换关系、员工与直接主管之间的交换关系,受到了当前许多学者的重视。员工与组织之间的交换关系,主要包括两个方面:一是组织对员工的关心与支持,二是员工对组织的承诺与忠诚。员工与直接主管之间的交换关系,也包括两个方面:一是直接主管对员工的关心与支持,二是员工对直接主管的承诺与忠诚。但在组织生活中,员工与直接主管及组织之间的交换关系,往往比较复杂,交互发生。然而,现有成果基本上是将员工与组织之间的交换、员工与直接主管之间的交换,独立开来研究，将两者放在一个系统中进行研究的相当少。但在实际的组织生活中，员工与直接主管及组织之间的交换关系，是以多主体、多方向、多层次的方式进行的。因此，本研究在吸取前人研究经验的基础上，在充分考虑员工与组织及主管交换过程中有参照体转换的情况下，来探讨组织和主管的支持如何影响员工对待组织和主管的情感反映，进而又如何影响员工对待组织和主管的态度（如离职倾向），以使我们对员工与组织及主管之间的交换关系，有更加全面和深入的认识。

第三节 研究意义

对于组织中的社会交换关系，我们首先想到的是两个主体之间对应的互动关系。如果组织支持我，我对组织就更加忠诚；如果直接主管支持我，我对直接主管也会更加忠诚。但主管与组织是一对特殊的相互依存的实体，主管与组织通常是难以分离的，但在客观上又是不同的。员工在与组织或直接主管的交换关系中，经常就会出现参照体转换的问题。如，因为组织支持员工，也可能会导致员工对直接主管更加忠诚；或因为直接主管支持员工，也可能会导致员工对组织更加忠诚。从理论上分析，可能主管与组织或员工相互融合的程度，在很大程度上决定了员工与组织或主管的交换关系能否实现上述这种参照体的转换。当然，在组织中的参照体转换，还会在更多主体、更多层次和更多方向上进行。

通过本项研究，我们希望能够丰富人们对于中国组织环境下，当有参照体转换时，组织和主管支持感对员工情感与态度影响的内部机理理论解析，因而本研究具有一定的理论价值。另外，在存在参照体转换的基础上，通过探讨员工的组织与主管支持感同组织与主管忠诚之间的作用机理，以及它们对员工离职倾向的具体影响，我们也期望本项研究成果有助于组织对相关人力资源管理实践的完善和发展，对于合理引导员工预期、合理管控员工与组织及直接主管的关系、制定更加科学合理的人力资源管理制度等，具有一定的实践价值。通过本项研究，我们期望能够促进员工与组织及直接主管之间的良性互动，达到共同成长的目的。

第四节 研究问题

按照社会交换理论，员工与组织及直接主管之间的交换，会同时多方向发生。那么，来自直接主管或组织的支持是否会产生员工对应的主管或组织忠诚，并导致员工产生对应的积极或消极结果呢？在中国情境下，主管支持感在什么条件下会引发员工对组织的忠诚，来自组织的支持又会在什么条件下引发员工对主管的忠诚呢？已有的相关研究分别验证了两条平行路径（即从组织支持感到组织承诺、从主管支持感到主管承诺），但对于交叉路径（即从组织支持感到主管承诺、从主管支持感到组织承诺）人们就研究得比较少。特别是对于同时出现平行和交叉路径时，人们又会如何选择呢？人们选择交叉路径的边界条件是什么呢？

另外，在华人社会中，员工与直接主管之间的交换关系，有时会突破组织边界，产生不同于西方的"私忠"重于"公忠"问题。在中国传统政治与文化环境中，所谓"公忠"就是臣民对国家社稷的忠诚，而"私忠"则是臣民对君主个人的忠诚。而在现代社会，"公忠"可以指员工对组织的忠诚，"私忠"则可以指员工对主管的忠诚。那么，现代华人社会的"公忠"与"私忠"，会对员工哪些结果会产生影响，影响结果又会有何不同呢？具体到本研究，员工感知到的组织和主管支持感，会如何影响员工的"公忠"和"私忠"，进而影响员工的相关工作态度（本论题特别研究员工的离职倾向）呢？这些都还需要我们做更加深入的研究。

第五节 结构安排

本书共分七章，各章的主要内容概述如下：

第一章 绪论 这章主要阐述本研究的现实和研究背景、研究问题、研究目的和研究意义，以及论文结构的逻辑安排。

第二章　理论基础　这章主要阐述用于建立和解释本论文假设和结论的基本理论，主要包括激励理论、社会交换理论、自我决定理论、情感事件理论和组织认同理论等。本章一方面简单介绍各理论发展的基本情况，另一方面特别指出各个理论与本研究的主要关联之处。此外，在本研究的假设提出、结论分析与讨论阶段，都要涉及和应用这些相关理论。

第三章　文献述评　这章主要对本研究涉及的相关研究主题，进行一定的文献回顾和评价，为后文的假设提出和讨论分析奠定文献基础。主要涉及的研究主题包括：组织支持感、主管支持感、组织忠诚、主管忠诚、离职倾向、主管组织地位、领导成员交换关系、主管自我感知的组织原型等。

第四章　研究假设与模型　这章主要在现实感知、理论推演和文献讨论基础上，提出相关的研究假设，构建相关的研究模型。研究假设主要包括：直接效用假设、中介效用假设、转换边界假设、有调节的中介效用假设和效用比较假设等五大类。

第五章　研究设计　这章主要阐述开展本研究的基本程序、选用的测量工具、调查单位和样本的选择，以及基本的统计和分析技术。

第六章　研究结果　这章首先对本研究涉及的相关问卷进行内部一致性信度系数检验，接着进行共同方法偏差检验和兴趣变量间区分度检验，在确认信度和效度都可接受的基础上，本研究对所涉变量进行描述性统计分析，最后再应用相关统计分析工具对相关数据进行处理，对各个研究假设进行具体验证。

第七章　讨论与结论　这章首先小结本项研究的假设验证情况，接着基于相关理论对各个研究结果进行相关分析与讨论，总结研究发现和理论贡献，并提出相关管理改进策略。最后，在指出本研究的创新和不足之处，并对未来的相关研究进行展望之后，对全文进行简短总结。

本研究具体结构的逻辑顺序，见图1-1。

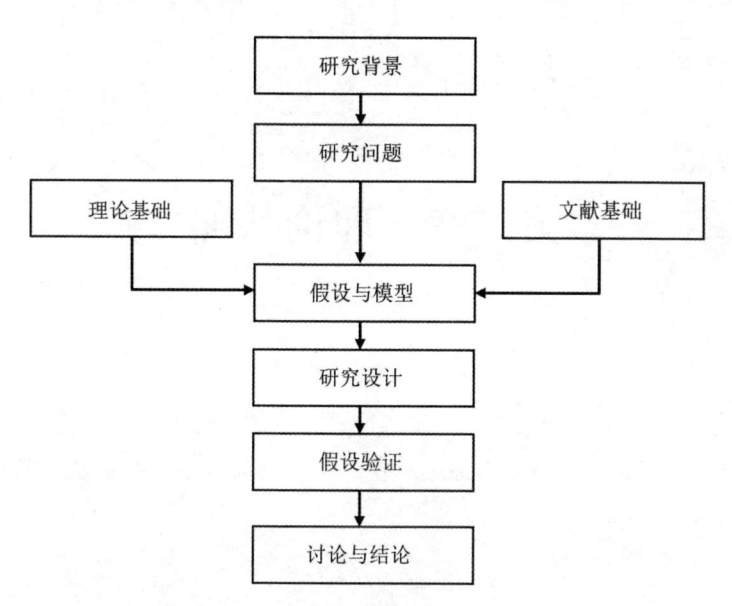

图 1-1　本研究的逻辑结构与内容安排

第二章 理论基础

本研究的理论基础主要有激励理论、社会交换理论、自我决定理论、情境事件理论和组织认同理论等。

第一节 经典激励理论

由美国哈佛大学心理学家乔治·埃尔顿·梅奥（George Elton Mayo）教授领导的霍桑试验开启了"人际关系学说"、行为科学和组织行为学发展的新时代。梅奥提示我们，在组织中管理者必须重视被管理者的需求层次及其对组织公平、组织奖励等的内在感受，制定更有针对性的管理措施，组织才能获得成功。

一、理论发展

激励理论的发展具有百年的历程。早在20世纪初，"科学管理之父"弗雷德里克·温斯洛·泰勒（Frederick Winslow Taylor）就强调，雇主和工人之间应当来一次"精神"革命，变相互之间的怀疑、对抗和指责，为相互之间的信任与合作，使对立双方能够更多地相互协作，共同提高劳动生产率，最终使劳资双方都获得更大的收益。20世纪二三十年代，美国哈佛大学心理学家梅奥等人通过霍桑试验，提出了"人际关系学说"。梅奥认为，工人是"社会人"而不是"经济人"，人的行为动机不单纯是为了金钱，还会有许多社会的和心理的需要，如追求友情、安全感、归属感与受人尊敬等。1953年美国社会心理学家亚伯拉罕·马斯洛（Abraham H. Maslow）认为，人具有生理需求（Physiological Needs）、安全需求（Safety Needs）、爱与归属需求（Love and Belonging Needs）、尊重需求（Esteem Needs）、自我实现需求（Self-actualization Needs）等五个层次的需要，从而提出了著名的需要层次理论（Need Hierarchy Theory）。他认为，人的需求可以分为高、低两个层次；只有当低层次需求得到满足时，高层次需求才会出现；而且只有尚未满足的个人需求，才能对员工产生激励作用。1963年美国行为科学家约翰·斯塔希·亚当斯（John S. Adams）提出了公平理论（Equity Theory），以研究工资报酬分配的合理性、公平性，及其对员工态度和行为产生的影响。他认为，人们不仅关心自己的付出与所得，而且还会关心别人的付出与所得，会两相比较。如果觉得分配不公，就会影响其未来工作的投入与产出。1964年维克托·弗鲁姆（Victor H. Vroom）提出了期望理论（Expectancy Theory），该理论认为，人们采取某项行动的激励力，取决于其对行动结果价值的判断和预期该结果达成概率的估计。因此，组织激励要能发挥效用，就必须让员工觉得：个人努力能够达成好的个人绩效，好的个人绩效能获得个人期望的组织奖励，从而满足个人的特定需求。20世纪70年代中，保罗·赫塞（Paul Hersey）、肯尼斯·布兰查德（Kenneth Blanchard）提出了领导生命周期理论（Leadership Life Cycle Theory）。他们认为，下属"成熟度"对领导方式会产生影响，对不同"成熟度"的员工应该采取不同领导方式。他们主张，要重视下属对领导效果的影响，因为下属既可以接受也可以拒绝领导者的命令，所以领导效果主要取决于下属的意愿和行为。

二、在本研究中的应用

由上可知，自第一代有实践经验的管理学家泰勒开始，管理研究者们就意识到，组织和主管要想取得好的绩效，关键在于想方设法地调动员工的积极性。因此，泰勒主张要进行劳资双方合作的"精神"革命，梅奥认为管理者应该考虑满足员工的社会需要，马斯洛提示管理者要对员工进行恰当层次的需求激励，亚当斯提醒要注意组织中员工的公平感知，赫塞和布兰查德则强调管理者的领导方式要随员工的成熟度变化而有所调整。上述激励理论都说明，在管理实践和研究中要更多地考虑组织、主管和员工这三者之间的相互影响。但已有激励理论研究更多的还是从组织、领导和管理者角度出发，来考虑如何对员工进行有效激励，而较少从员工个人主观感受角度出发，来分析员工是如何对组织和主管所给予的诱因，做出相应的情感反应和态度回报，从而提升组织和主管人力资源管理政策与措施的针对性和实践效果。在接受前人经验的基础上，本研究主要基于组织中存在参照体转换的情况下，探讨员工对组织或主管支持的感知，会如何引发员工的情感反映，进而又如何影响员工的态度变化。

第二节 社会交换理论

乔治·霍曼斯（George Homans）提出社会交换理论后，该理论迅速成为社会学和管理学等领域的研究热点。从上下级之间"圈内人"和"圈外人"的关系划分，到内在性报酬社会交换活动、外在性报酬社会交换活动和混合性社会交换活动的划分，再到自我利益和相互依赖社会交换关系假设的揭示，相关研究逐步深化。基于社会交换理论，员工与主管及组织之间的交换关系也逐渐成为管理学者们研究的热点。

一、理论发展

在美国社会学家乔治·霍曼斯（George Homans）提出社会交换理论（George Homans' Exchange Theory）后，彼特·布劳（Peter Blau）也提出了自己的社会交换理论（Social Exchange Theory of Blau）。细分出了内在性报酬、外在性报酬和混合性三种社会交换活动，爱德华·劳勒（Edward

E. Lawler）则深化了对社会交换关系核心假设的认识。这就告诉我们，组织中的社会交换关系（如员工与组织及主管之间的交换），也是基于互惠而产生的。

（一）起源与社会交换类别

美国社会学家霍曼斯于1958年在美国社会学杂志上发表了《作为交换的社会行为》（Social Behavior as Exchange）一文，提出社会交换理论（Social Exchange Theory）。霍曼斯认为，人们不但会在经济领域形成交换关系，在社会领域的互动过程中，也会形成一定的社会性交换关系。社会行为不但包括商品和物资的交换，也包括非物质的交换，如赞同或声望等信号。一个给别人很多帮助的人，他也会想法从对方那儿获得回报。霍曼斯认为，一个人从别人处获得越多，则他也会有较大压力要回报别人。从互动系统角度来看，作为交换的社会行为就意味着，对大多数人来说，每个人都被假定会依据既定的行为准则来行事。社会赞同就是人们能够给他人的基本回报。

由于下属成员之间存在着个体差异，同时又有时间和经济等约束条件，因此同一个领导不可能与所有下属都发展起均等的社会交换关系。相反，领导会根据下属与自己的亲疏远近，自觉或不自觉地将下属成员区分为"圈内人"和"圈外人"。"圈内人"往往能够得到领导更多的支持与帮助，受到领导更多的关注。而作为交换，"圈内人"则会对领导更加喜欢、信任和遵从。这时，领导与下属之间的交换关系就会处于较高水平，双方主体之间既会发生经济性交换，也会发生社会性交换。而对于"圈外人"，领导则主要基于工作任务的完成，来与之发展交换关系，并且双方主体之间更多的就是经济性交换。因此"圈外人"往往被限制在组织中较为平凡的工作任务之中。在这种情况下，交换双方也就缺乏深层互动的愿望，双方关系主要围绕各自的职责和义务来展开。

在讨论社会交换形式之前，布劳（Blau，1964）区分了两种社会报酬：内在性报酬和外在性报酬。内在性报酬，即从社会交往关系本身中取得的报酬，如乐趣、社会赞同、爱、感激等；外在性报酬，即在社会交往关系之外取得的报酬，如金钱、商品、邀请、帮助、服从等。在此基础上，他把社会交换划分为三种形式：(1) 内在性报酬的社会交换，参加这种交换的行动者把交往过程本身作为目的。(2) 外在性报酬的社会交换，这种交换的行动者把交往过程看作实现更远目标的手段。外在性报酬为一个人合理选择伙伴，提供了客观独立的标准。(3) 混合性的社会交换，这种交换既具有内在报酬性，也具有外在报酬性。布劳对社会交换三种形式的划分，有利于解释社会交换的发生及深化过程。随着交换程度的加深，交换双方的交换活动也会从以外在性报酬社会交换活动为主，逐步转换到具有混合性社会交换活动，再达到以内在性报酬社会交换活动为主的高级阶段。从外在性报酬交换关系，到混合性社会交换关系，再到内在性报酬社会交换关系，这就形成了一个社会交换关系连续统一体。此外，布劳还讨论了影响社会交换过程的条件，他列举了三种条件：第一，交换发展时期与交换伙伴间关系的特点和性质；第二，社会报酬的性质和提供它们时付出的成本；第三，发生交换的社会背景。

(二) 社会交换机理

社会交换理论主要是从社会心理学和社会学视角，来解释相关社会现象。该理论认为，社会的变化与稳定都是相关当事人之间的一个谈判和交换过程。人们之间的社会关系，主要是通过个人主观感知的成本收益分析和方案比较来建构的。而早在激励理论中，伯尔赫斯·弗雷德里克·斯金纳 (Burrhus Frederic Skinner, 1966) 就认为，员工的行为是建立在奖励和惩罚基础之上的。员工一般会重复那些受到奖励的行为，而避免重复那些受到惩罚的行为。在社会学家霍曼斯看来，奖励就是一种利益，惩罚就是一种成本。霍曼斯认为，组织成员之间交换关系的发生，要基于交换双方对各自得到的利益与付出的成本之间的计算与比较。如果交换双方所获得的回报与各自付出的代价都呈正比例，就能够在交换双方之间形成一种比较稳定的社会交换关系。

劳勒、沙因和赛伊（Thye，1999）认为，根据社会交换理论，交换活动的双方主要会通过交换各自持有的特定资源，来实现双方互惠互利的目的，其核心假设就是自我利益和相互依赖。而在自我利益和相互依赖前提下，社会交换关系中的一方在向另一方提供相关帮助和支持之后，就会产生想要获得另一方相应回报的期待。但通常对方具体回报的时间和方式是未知的，布劳（Blau，1956）认为这就使社会交换关系具有了一定的不确定性和风险性。随着双方交换关系的不断持久和深化，交换双方就会增强相互之间的信任、忠诚和承诺等。

（三）组织中的社会交换

组织中的社会交换关系是多主体、多层次和多方向进行的。如在组织中，有员工与员工之间的交换、员工与团队之间的交换、团队与团队之间的交换等，本研究特别关注的是员工与组织及主管之间的交换。罗兹和艾森伯格（Rhoades & Eisenberger，2002）认为，在员工与组织之间的交换关系中，主要是员工以自己的辛勤劳动来换取组织对自己的回报，员工以对组织的承诺和忠诚来换取组织对自己的关心和支持；正是有了组织成员的辛勤劳动，组织目标才能够达成组织才能够不断发展壮大；员工与组织之间这种相互依赖关系的建立过程，就是双方之间社会交换关系的形成过程。而员工与主管之间的交换关系，则显得更为直观。因为，直接主管作为一线管理者，主要依靠下属成员来完成工作。因此，直接主管和下属成员之间，自然就会形成一种更频繁、更紧密的交换关系。直接主管希望下属成员爱岗敬业、帮助同事、服从领导等，而下属成员则希望直接主管能够提供更加有乐趣的工作，能够及时认可员工的成就，能够提供与员工付出相对等的物质和精神激励等。直接主管与下属成员之间的这种交换关系要能够顺利实现，关键就在于下属成员对直接主管所给予的相关报酬（包括内在报酬和外在报酬）要有真切的感受，进而引发员工对直接主管产生对等的承诺与忠诚。也就是，下属成员感知到的直接主管支持，是影响下属成员对直接主管情感承诺变化的主要原因之一。

员工与直接主管或组织之间的交换关系，除了要遵循互惠规范外，还要建立在信任和善意的基础之上。按照期望理论，组织或主管期望的是员工的行为和结果等工作绩效，而员工期望的是组织或主管所给予的薪酬、晋升、奖赏和发展机会等，组织、主管与员工之间的这种交换关系要能顺利进行，最关键的还在于交换双方要建立互信。也就是，交换双方都要相信各自的付出，能够换回自己期望的回报。在信任和善意的基础之上，员工若能真切地感受到组织或主管对自己的支持，按照互惠规范，员工就会觉得自己应该对组织和主管更加忠诚，自己有义务以更好的业绩来回报组织或直接主管，并相信自己今后也能够从组织或直接主管那里得到相应回报。由此看来，基于交换双方的相互信任，在员工与组织或直接主管的交换活动中，员工对组织或主管支持的感知是前提，员工对组织或直接主管的责任感、义务感和忠诚感是其对组织或主管支持的自然反应，而好的员工绩效则是组织、主管和员工共同期望的结果。

二、在本研究中的应用

在组织内的社会交换关系研究方面，现有成果更多的是研究两个不同主体之间的相互交换，如研究员工与组织之间的交换关系，或者研究员工与主管之间的交换关系。在员工与组织的社会交换关系中，员工主要以自己的劳动和对组织的承诺与忠诚，来换取组织的认同、支持和回报。罗兹和艾森伯格（Rhoades & Eisenberger，2002）认为，这种交换关系，在任何文化背景下都是存在的。但组织中的交换，往往是多主体、多方向进行的。如员工既会与直接主管进行社会交换，同时也会与组织进行社会交换。但人们对于社会交换过程中的参照体转换，研究得却不多。如在员工与组织的社会交换关系中，员工的组织支持感在一定条件下除了会引发员工对组织的承诺与忠诚外，还可能会引发员工对直接主管、工作团队乃至高管团队的情感承诺与忠诚。又如陈晓萍、徐淑英（Chen & Tsui，2002）研究发现，员工往往会将直接主管看作组织的代理人，当员工感受到直接主管在关心和重视自己的时候，他们往往会推论组织也在关心自己，基于互惠规范员工也会对组织产生义务感与责任感，从而形成对组织的承诺与忠诚。这时，在员工与直接主管的社会交换关系中，就发生了参照体的转换，从而产生了员工对组织的承诺与忠诚。因此，本研究基于社会交换理论，不但探讨组织中相关主体之间对应的社会交换关系，还特别研究组织中相关交换主体之间参照体转换的边界问题。

第三节　自我决定理论

自我决定理论强调个体与环境的互动关系，认为社会因素既可以促进，也可以阻碍个体积极行为和健康心理的形成及发展。由之，组织或直接主管支持就是员工的积极环境，它能够满足员工的胜任需求、自主性需求和关系需求，能够激发员工内部动机，促进员工对组织、主管产生积极情感，进而影响其绩效。

一、理论发展

自我决定理论源于对内在动机的深入考察，强调外在环境要能够影响员工态度与行为，必须通过员工的外摄、内摄、认同和整合调节，做出自我决定。而员工有胜任、自主性和关系三种心理需求，会激发其自我发起相关行为。在外在环境的内化调节机理探究方面，爱德华·德西（Deci Edward）等人长期以来做出了许多卓越贡献。

（一）起源与理论框架

自我决定理论（Self-Determination Theory，简称STD）由爱德华·德西（Edward Deci）和理查德·瑞安（Richard Ryan）在20世纪70年代中期提出，是研究人类动机和人格的一种宏观理论，它关注人们的内在成长趋势与他们内在心理需求的关系。它认为，人们选择背后的激励力，不会受任何外在的影响和干扰。他们主张，自我决定理论应聚焦于个体行为，在很大程度上是自我激励和自我决定的。该理论认为，对于个体的积极行为和健康心理的形成与发展，社会因素既可以促进也可以阻碍。与过往的动机理论相比，该理论特别强调个体与环境的互动关系，可以作为对个体行为、经验和成长的预测基础。因此，社会环境和个体基本心理需求，以及他们相互之间的有机辩证关系，就成了自我决定理论的核心命题。经过40多年的不断发展，德西和瑞安（2002）基于累积的实证研究结果，逐渐形成了一套包括五个分支理论的自我决定理论框架，其中包括基本需求理论（Basic Needs Theory）、认知评价理论（Cognitive Evaluation Theory）、有机整合理论（Organismic Integration Theory）、因果定向理论（Causality Orientations Theory）和目标内容理论（Goal Content Theory）。

（二）作用机理

德西和瑞安的自我决定理论，起源于关于内在动机的深入研究。而内在动机是指，激发一个活动是基于自身原因，因为它能使自身受益或满意；与之相反的是，一个活动是基于外部目标（或外部激励）而发生。不同类型的动机可以被描述为基于人们具有不同的内在化程度。瑞安（1995）指出，内在化就是试图将外在动机转换成个人认同的价值观，将初始的外部规则同化为自身行为规则的活动。

自我决定理论认为，人们的动机水平不同，则其对自我决定的追求程度也不同。一般来说，可以将人们的动机水平从低到高，划分成从无动机、外部动机到内部动机的一个连续统一体。而外部动机又可以根据个体自我和外部规则的整合水平，从低到高划分成外部调节（External Regulation）、内摄调节（Introjected Regulation）、认同调节（Identified Regulation）和整合调节（Integrated Regulation）四个阶段。人们的动机水平越高，则其对自我决定的追求程度就越高。当人们的动机处于外部调节水平时，就会有一种受控制的感觉，其行为的产生主要受到外界环境的影响。当人们的动机处于内摄调节水平时，个体完全不需要做任何自我控制方面的努力，其行为就会完全自发产生。而当人们的动机水平处于从认同调节向整合调节发展时，其自我决定程度就会不断提高。当人们的动机处于整合调节水平时，个体自我与外部环境高度融合，外部环境要求也就逐渐成为个体的内在要求。因此，在自我决定理论看来，外部动机的内化过程，就是个体自我决定程度的不断提升过程。在这一过程中，个体还需要得到外部环境的营养支持，如组织和主管对员工提供更多的授权与放权、鼓励自主决策、自我控制、自我激励等。外部环境的这种营养支持，就能够满足员工的基本心理需求，不断提升动机水平。

根据德西和瑞安（2002）的观点，有三种心理需求会激发个体自我发起相关行为，这对于个体心理健康和福祉的特别营养是至关重要的。这些需求也可以说是普遍的、固有的，具体包括胜任需求（Needs for Competence）、自主性需求（Needs for Autonomy）和关系需求（Needs for Relatedness）。这三种基本心理需求，对所有人都是很重要的。当工作环境能够增加个体的自主性体验时（如工作环境能够体现个人意志、个体在工作中能够自由发表自己的看法、个体有采取自主行动的权力等），或者个体感觉到在某项行动中自我决定的权力较大时，他就容易产生内部归因，进而激发其内在动机。如为满足员工的胜任需求，使其相信自己能够胜任某项工作，组织或主管就可以为其设置一些有效力且恰到好处的挑战性任务，最大限度地把员工的工作积极性调动起来。而关系需求则指个体需要得到来自周围环境或他人的关爱、理解与支持，进而产生归属感。当人们的关系需求得到满足时，其环境适应能力和自主动机就会增强。让员工感知到胜任，对提升其内在和外在动机都是必需的；而让员工感知到能够自主，则为提升其内在动机所必需的。因此，根据自我决定理论，外部环境会通过影响员工的三种基本心理需求满足，进而影响员工的动机水平。而有利于促进员工内在动机的环境，就是那些能够满足员工胜任需求、关系需求和自主性需求的环境。

二、在本研究中的应用

根据自我决定理论，组织或直接主管对员工的支持就是为员工营造一种积极的社会环境，它有利于满足员工的胜任需求、自主性需求和关系需求，有利于激发员工的内部动机，使员工对组织或直接主管产生积极的情感和态度，进而可能影响其行为和绩效。如直接主管对下属员工工作成就的积极肯定和正面反馈，就能够使员工感觉到自己对工作的胜任以及直接主管对自己的关系支持，满足了其对胜任和关系的需求，因而能够激发员工对直接主管的积极情感。同理，如果组织能够对员工进行恰当的授权或分权，则员工能体验到胜任需求和自主性需求的满足，从而对组织产生积极的情感和态度。由此可见，自我决定理论完全可以用来解释员工的组织支持感到组织承诺、主管支持感到主管承诺的影响过程。

第四节 情感事件理论

情感事件理论认为，员工对工作环境所产生的工作事件的认知评价，会影响员工的个人体验，进而引发员工的情感反应，而这种情感反应最终会影响员工的态度和行为。在情感事件类型、员工行为反应类型及情感事件对行为的作用机理等方面，学者们做出了许多不懈探索。

一、理论机理

巴塞德和吉布森（Barsader & Gibson, 2007）、埃尔芬拜因（Elfenbein, 2008）、迈纳和格洛布（Miner & Glomb, 2010）等认为，组织中的许多因素，会通过对员工情绪和情感的作用而影响员工的态度、行为和绩效。为了探讨组织成员在工作中经历的情感事件（Affective Events）、情感反应（Affective Reactions）及其与员工态度、行为等的关系，维斯和克罗潘扎诺（Weiss & Cropanzano）提出了情感事件理论（Affective Events Theory，简称 AET）。该理论认为，员工对工作环境所产生的工作事件（Work Events）的认知评价，会影响员工的个人体验，进而引发员工的情感反应（当然其间还要受到个人性格的影响），而这种情感反应最终还会影响员工的态度和行为。

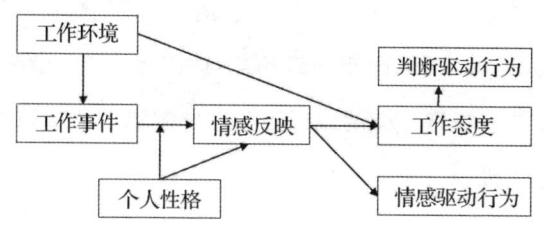

图 2-1 情感事件理论整体架构

在情感事件理论中,工作环境主要指组织的内部状态,它可以由一组具体的和抽象的特征来代表,如噪音、工作特征等。维斯和克罗潘扎诺(Weiss & Cropanzano,1996)将工作事件定义为"在某些地方、在某一段时间内,正在发生的某件事情"。但并非所有的工作事件,都会引发员工情绪的显著变化。(Basch & Fisher,2000)认为,会引发员工情感的工作事件,就是正在进行的与工作相关的人、事或物,它能够使员工产生情绪的反应和心情的变化,通常这样的工作事件包含了情感意义(Affective Significance)。工作事件有多种分类方法,如布里夫和维斯(Brief & Weiss,2002)就将情感事件分为压力事件、领导、主管支持、工作群体特征、物质特征、组织报酬与奖惩等。而巴什和费雪(Basch & Fisher,2000)则将日常工作场所的工作事件,分为负面或麻烦(Hassles)事件,以及正面或令人振奋(Uplifts)事件。根据引发正面情绪的强度,他们还将正面事件依次分为目标达成、获得认可、同事行为、参与挑战性工作、顾客行为、与顾客互动、目标进展、组织名声、负面期望未发生、具备影响力或控制权、决策参与度、计划参与度、管理阶层行为和问题解决参与度等。

在情感事件理论框架中,工作事件会受工作环境特征的影响,进而对员工个人的情感反应产生直接影响。而员工的情感反应则包含了情绪、心情、感觉和评价等,它的主要功能在于调节或影响员工的态度和行为,但通常发生在需要适应性行动的情境之下。在对工作事件产生认知之后,员工就会调整其情感反应。员工的情感反应主要通过两条途径来影响员工行为,一是员工情感反应直接影响员工行为,这就是情感驱动行为(Affect-driven Behaviors）；二是员工情感反应通过影响员工态度，再影响员工行为，这就是判断驱动行为（Judgment-driven Behaviors）或态度驱动行为。可见，情感事件理论通过"事件—情感—态度或行为"这一逻辑，清晰地揭示了工作场所中的员工情感作用机制。

二、在本研究中的应用

根据情感事件理论，组织给予员工的工作自主性、晋升机会、福利待遇等，以及主管对员工提供的关心、帮助和支持，这些都是影响员工情感反应的工作环境特征，这些工作环境特征作用于特定员工身上，在特定的时间和地点条件下，就会形成对特定员工产生积极影响的令人振奋事件，反之则会形成具有消极影响的负面事件。令人振奋的工作事件会致使员工形成积极的情感反应，产生积极的态度和行为；而负面事件则会致使员工形成消极的情感反应，产生消极的态度和行为。在组织中，组织支持和主管支持都可以看成员工的工作环境特征。组织和直接主管对员工的不同支持程度，就分别会形成积极的或消极的工作事件，进而影响员工的情感反应和对待组织的态度及行为。如在工作压力比较大（环境特征）时，员工的直接主管就更有可能会对员工进行更多的公开批评（工作事件），员工也就更容易对组织或主管产生消极的情感（情感反应），这种消极情感有可能就会直接引发员工对待工作的不合作（情感驱动行为），或者员工的消极情感会先引发员工的不满（工作态度），再导致员工产生离职（判断驱动行为）。费雪（Fisher，2002）的实证研究证实，员工的消极情感反应可以预测情感承诺，而情感承诺又会对员工的助人行为、离职倾向产生影响。而科尔、布鲁赫和沃格尔（Cole，Bruch & Vogel，2006）的研究则发现，主管的正向支持会导致员工的正向情绪反应提高和负向情绪反应下降。上述分析说明，情感事件理论能够用来解释从员工所接受的组织或主管支持，到员工对组织或主管的情感承诺与忠诚，再到员工的离职意愿或离职行为的发生机理。

第五节　组织认同理论

在组织认同发生机理（如从价值观一致程度、情感满意角度研究）、组织认同结构维度及其测量、组织认同前因和结果变量等方面，长期以来学者们进行了多方探索。

一、理论发展

组织认同理论（Organizational Identification Theory）由社会认同理论发展而来。切尼（Cheney，1983）、阿尔伯特和惠滕（Albert & Whetten，1985）、阿什福思和梅尔（Ashforth & Mael，1989）就较早地应用了社会认同理论来解释员工的组织认同问题。组织认同研究在不同文化和商业背景下，吸纳了多种理论成分的加入，分别从不同视角和不同分析水平，来对其加以定义。如从认知角度，梅尔和阿什福思（Ashforth & Mael，1992）将组织认同定义为，个体对自我归属于组织的知觉。也就是，普拉特（Pratt，1998）说的，个体对于自己与组织一致程度的认知，特别是个体对自己价值观和组织价值观一致程度的知觉。达顿、迪卡菲和哈奎尔（Dutton, Dukefieh & Harquail，1994）等强调，员工一旦在认知上将自己和组织联系在一起，他们就更会用组织的特征来定义自己的。奥赖利和查特曼（O'Reilly & Chatman，1986）则从情感角度加以分析，认为组织认同产生的基础是，个体基于与认同对象保持情感满意形成的自我定义，因而个体会产生对认同对象的吸引和期望。

同样，从不同的理论背景、研究视角和分析层次，不同西方学者对组织认同也分别定义了不同的结构维度。梅尔和阿什福思（Ashforth & Mael，1992）认为，组织认同是单维的结构，只包括认知成分。而通过总结前人的长期探索，迪克、格罗琴、克莱斯特和韦斯克（Dick, Grojean, Christ & Wieseke，2006）将组织认同划定为四个结构维度：对个人事业的认同、对工作团队的认同、对组织整体的认同及对职业的认同，其中每一个维度又可以分为认知、情感、评价和行为等四个子维度。

基于不同水平的分析，学者们发现了组织认同的不同前因和结果变量。在组织认同的前因研究方面，许多学者都有贡献。如从个体层面分析，梅尔和阿什福思（Ashforth & Mael，1992）认为，员工的工作年限、满意度及其性格，都会显著地影响员工对组织的认同。贝维、兰格、麦克唐纳和韦斯特法尔（Boivie，Lange，McDonald & Westphal，2011）则发现，加强和维护个人的自尊心，会促进员工对组织的认同。从组织层面分析，阿什福思和梅尔（Ashforth & Mael，1989）认为，组织独特性、组织声誉、组织或群体的形成因素、圈外人的显著性等因素，都会影响员工的组织认同。斯米特斯、普鲁因和瑞尔（Smidts，Pruyn & Riel，2001）研究发现，组织沟通氛围也会显著地影响员工的组织认同。施罗特（Schrodt，2002）研究认为，员工在组织中感知到的道德水平，会对员工的组织认同产生显著影响。摩根、雷诺兹、纳尔逊、琼宁梅尔和格里芬（Morgan，Reynolds，Nelson，Johanningmeier，Griffin & Andrade，2004）研究发现，组织可以通过社会、财务、职业或个人支持等，来体现组织对员工的关心，进而提升员工的组织认同感。而从环境层面分析，梅尔和阿什福思（Ashforth & Mael，1992）发现，组织间的竞争程度、组织间的差异性，都会显著地影响员工的组织认同感。

在结果变量研究方面，泰费尔和特纳（Tajfel & Turner，1986）认为，当员工对团体产生认同时，就会对团体命运有共同感，具体表现就是员工会更愿意与组织保持密切联系、产生更多与同事合作的意愿、展现更多与组织对手竞争的动力等。贝尔加米和巴戈齐（Bergami & Bagozzi，2000）认为，组织认同会通过组织承诺中的"高兴"和"热爱"两个维度，对员工的组织公民行为产生显著影响。里科塔（Riketta，2005）通过对96篇组织认同论文的元分析，发现组织认同会显著地影响员工的角色外行为。阿什福德和巴顿（Ashford & Barton，2007）研究发现，高组织认同员工更愿意采取有利于组织的行为和帮助同事。切尼（Cheney，1982）发现，组织认同会影响员工的工作态度、组织内部决策、工作动机、工作表现、工作满意度和目标达成等。班贝尔和伊耶（Bamber & Iyer，2002）认为，员工的组织认同会显著地降低员工的组织—职业冲突（OPC）和离职意图。迪克、格罗琴、克莱斯特和韦斯克（Dick，Grojean，Christ & Wieseke，2004）研究发现，员工对团队认同的"情感"维度，可以显著地降低员工的退休意图。

二、在本研究中的应用

在本研究中，无论是从组织支持感到组织忠诚、从主管支持感到主管忠诚，还是从组织支持感到主管忠诚、从主管支持感到组织忠诚，以及从组织或主管忠诚到员工离职倾向，都可以用组织认同理论来进行适当解释。如正是因为组织或主管对员工的支持，才会触发员工对组织或群体的认同与承诺，增加留职意愿、降低离职意愿。组织给员工提供的社会情感支持、财务支持、职业支持乃至组织沟通氛围，以及作为组织代理人的主管给员工提供的各种具体支持，都会提升员工的组织认同感。而员工的组织认同又有利于员工产生合作精神、工作满意度、组织自豪感等，并降低员工的离职意愿。

第六节　理论总评

本研究主要是对组织与主管支持感、员工对组织和主管忠诚度、员工离职倾向之间的内部机制做些探讨，特别考虑了组织中参照体发生转换的情形。上述理论均能够用于解释其中部分或全部机制的发生。首先，从激励理论（特别是自我决定理论）分析，组织或主管若能给员工提供更多的物质和精神支持，如给员工配置更加充分的人财物资源、提供更加全面的相关决策信息、授予更多的决策自主权和自控权等，就更加能够满足员工的胜任需求、自主性需求和关系需求，激发员工的内在动机，增加员工的组织和主管承诺水平。其次，在社会交换理论看来，员工与组织或主管之间的互动关系都是社会交换关系。而根据互惠规范，只要组织或主管对员工好，员工就会产生责任感和义务感，从而员工对组织或主管也会更好。基于社会交换理论，组织或主管对员工的支持，能够换回员工对组织或主管更高的承诺与忠诚，进而减少员工的离职倾向。再次，依据情感事件理论，组织中积极的工作事件（如组织或主管给予员工更多的支持），能够引发员工对组织或主管产生积极的情感反应，而这种积极情感反应又会导致员工对组织或主管产生更加积极的态度（如增加留职意向、减少离职倾向）。最后，从组织认同理论分析，组织或主管给员工提供更多的支持，也会激发员工增加对组织的认同，从而减少离职倾向。因此，上面回顾的相关理论，能够用来作为本文的理论基础。

第三章 文献综述

本章主要对本研究涉及的自变量、结果变量、中介和调节变量及其相互关系的研究文献,进行相关述评,为后面假设模型构建及理论分析与解释,打下扎实基础。

第一节 组织支持感研究述评

基于互惠机制,组织支持感强调员工只有切实感受到组织对自己的支持,才可能产生对组织积极回报的行为。自 1986 年艾森伯格(Eisenberger, R.)等人提出"组织支持感"概念以来,中外学者们对组织支持感的结构与测量、组织支持感与组织承诺关系、组织支持感与离职倾向关系等,做了诸多有益探索。

一、概念内涵

社会交换理论认为,员工与组织之间的社会交换关系是互惠互利的。然而,在学术界,长期以来受到重视的,是员工对组织的承诺与忠诚,而组织对员工的承诺与忠诚却很少受到重视。为扭转这一局面,美国学者艾森伯格和亨廷顿(Eisenberger & Huntington)等最先提出"组织支持感"(Perceived Organizational Support,简称 POS)概念。按照艾森伯格、亨廷顿、哈奇森和索娃(Eisenberger, Huntington, Hutchison & Sowa, 1986)等人的定义，所谓组织支持感，就是指员工相信组织重视其贡献、关心其福祉、满足其社会情感需求的程度。组织支持感可以被认为，是员工对组织的一种积极互惠机制，也就是员工为回报感知到的组织奖赏和优待，就会想方设法做得更好。按照艾森伯格等人的推论，只有当员工感知到组织确实在认同、关心与支持自己的时候，他们才会对组织做出相应的承诺，并努力回报于组织。而过往的组织承诺概念，则过于强调员工对组织的责任和义务。组织支持感概念的提出，有利于解释从组织支持到员工对组织或主管承诺之间的心理发生机制，强调员工对组织支持的感知是引发员工承诺与忠诚水平变化的前提。

二、结构与测量

艾森伯格等人（1986）将整个组织作为一个拟人化的整体，试图研究员工对组织所给予支持和福利的主观感知，从而建立了"组织支持感"概念。为了测量这一概念，他们开发了一个由36条目组成的"感受组织支持调查表"（Survey of Perceived Organizational Support，简称SPOS）。经检验，该表的内部一致性Cronbachα系数为0.97。又经过在不同行业和不同组织被试样本的测试，该问卷所有条目因子载荷都较高，具有较高的内部信度和单维性。但由于该调查表过长，后续学者在研究组织支持感时，大多采用从中抽出的17个因素负荷较高条目组成的问卷，或是采用其中8个条目的更短型问卷。有些学者，如麦克米林（McMillin，1997）、凌文辁（凌文辁等，2006）、陈志霞（陈志霞，2006）等，对组织支持感结构的单维性提出了不同看法，分别建构了不同的结构维度，补充或发展出了不同的相关测量表。麦克米林（McMillin，1997）对艾森伯格等人在组织支持感中过于关注情感性支持，提出了批评，认为还应该对它增加工具性支持维度。因为，如果没有工具性支持，员工就会缺少完成工作所必需的资讯、训练、工具和设备等条件。所以，麦克米林就提出了一个包括社会情感性支持和工具性支持的两维度的社会支持功能性模型（Functional Model of Social Support）。凌文轾、杨海军和方俐洛（2006）则通过探索性和验证性因素分析，成功开发了一个包括工作支持、价值认同、关注利益三个维度结构的组织支持感问卷。该问卷整体的重测信度和同质性信度分别为 0.87 和 0.96，具有比较高的稳定性，问卷测量结果也比较可靠。陈志霞（2006）则提出了四个层次的组织支持感权变结构：狭义层次就是艾森伯格等人（1986）所注重的情感性支持；相对狭义层次是在狭义层次基础上增加了工具性支持，就是麦克米林（McMillin，1997）的理解；而相对广义是在相对狭义基础上再增加上级和同事支持；广义组织支持感还包括心理契约中的组织责任等。陈志霞等人（2008）还修订了一个16条目的组织支持感问卷。

由此可见，迄今为止中外学者还在为组织支持感的结构与测量而不懈努力。尤其是为如何在中国文化背景下更加精确地测量组织支持感，中国学者开发了一些多维测量工具，特别是凌文轾、杨海军和方俐洛（2006）开发的3因子问卷使用较为广泛。但也有些中国学者开发的组织支持感问卷包罗内容过多、对象范围过宽，有远离艾森伯格等人组织支持感概念本意之嫌，因而概念模糊、不够聚焦。本研究采用组织拟人化思想，将员工所在组织看成一个有机整体，因而拟选择经中外学者修订、基于艾森伯格等人（1986）8条目的短型问卷，作为组织支持感的测量工具。

三、组织支持感与组织承诺的关系

在组织支持感概念提出之后，人们首先就研究了组织支持感与传统组织承诺之间的关系。根据社会交换理论，组织支持感可以通过三种途径来影响员工的组织承诺。一是组织支持感能够使员工产生要贡献于组织福祉的责任感，进而促进组织目标的达成。艾森伯格（Eisenberger，1986）、莫迪、波特、斯蒂尔斯（Mowday, Porter & Steers, 1982）、卢梭（Rousseau，1989）、沙因（Schein, 1980）、韦恩等（Wayne et al., 1997）认为，员工会通过更高的情感承诺和更加努力的工作，来回报组织对自己的支持和关心。二是阿米利、艾森伯格、法索洛、林奇（Armeli, Eisenberger, Fasolo &

Lynch，1998)，艾森伯格等（1986）认为，组织支持感会通过满足员工的自尊、认同和归属需要等，来提升员工的组织情感承诺，增强员工的组织认同与合作精神等。三是艾森伯格等（Eisenberger et al.，2001）认为，组织支持感会提升员工的自我能力感知和更高的组织适用感，导致员工会对组织产生更加积极的情绪和更强的责任感，进而提升员工对组织的情感承诺。

因此，根据社会交换理论，感受到组织支持的员工会受到内在激励，进而会以更加努力的工作和更高的忠诚度，来回报组织对自己的恩惠。如果说组织支持感体现的是员工对组织支持程度的感知，那么组织承诺体现的则是员工对组织的支持程度，组织与员工之间就应该是一种相互支持的关系。目前，在组织支持感对组织承诺的直接作用关系方面，研究结论比较一致。艾森伯格（1986）认为，组织支持感能够满足员工的社会情感需要，从而增加员工对组织的情感承诺。塞顿、内森和利登（Settoon，Nathan & Liden，1996）也发现，组织支持感与员工的组织承诺具有相关关系。中国学者凌文辁等人（2006）研究证实，组织支持感确实会对员工的感情承诺和利他行为等结果变量产生积极影响。总结来说，组织支持感与员工情感承诺有比较强的正相关关系。组织支持感会通过增加员工对组织的感情承诺，增强员工的角色内行为、利他行为等积极行为，从而有利于促进组织目标的实现。鉴于组织忠诚和组织承诺是两个密切相关的概念，我们认为组织支持感与员工的组织忠诚之间，也具有上述类似的互惠交换心理机制。

四、组织支持感与离职倾向的关系

韦恩、查尔斯和帕梅拉（Wayne，Charles & Pamela，2003）分析认为，组织支持感会使员工产生自己是组织重要成员的身份认同感，因而可以减少员工的职业流动意愿和离职行为。克罗帕萨诺、豪斯和格兰迪（Cropanzano，Howes & Grandey，1997）等人的研究也表明，组织支持感与员工离职倾向呈负相关关系。还有许多研究，如霍姆和格里菲斯（Hom & Griffeth，1995）、韦恩等（Wayne et al.，1997）、罗兹等（Rhoades et al.，2001）发现，组织承诺和工作满意度等会在员工组织支持感与离职倾向之间起中介作用。艾伦、林恩和罗杰（Allen，Lynn & Rodger，2003）则总结了一系列有关组织支持感和离职倾向的研究，建立了一个相关理论模型，他们也证实组织承诺会在组织支持感与离职倾向之间起中介作用。因此，前人研究已经证实，组织支持感对员工离职倾向具有直接效用和间接效用（如以组织承诺为中介）。

五、小结

总结来看，通过概念建立、测量工具开发，人们对组织支持感与相关变量的关系进行了有益探索。组织支持感现有研究显示，管理者关心的员工对组织的承诺，与员工关注的组织对他们的承诺是积极相关的。对于员工来说，组织的支持是其重要的社会情感资源来源，这种组织支持服务既包括尊重与爱护等，也包括像工资和医疗福利等实际经济利益。张一驰、樊景立和王辉（2012）研究发现，组织支持感是员工动机、绩效表现和组织承诺的主要驱动因素。而霍姆和格里菲斯（1995）、韦恩（1997）、罗兹等（2001）、艾伦、林恩和罗杰（Allen，Lynn & Rodger，2003）等人则发现，组织承诺会在组织支持感与员工离职倾向之间起中介作用。但在中国的组织情境下，学者们仍然还在对组织支持感概念及结构进行争论，相关测量工具也还在不断探索开发与完善之中。

第二节　主管支持感研究述评

延续艾森伯格等人的组织支持感概念，1988年科特（Kottke）等人提出了"主管支持感"概念。与组织支持感同理，在互惠原则基础上，主管支持感强调只有当员工感知到直接主管对自己的支持，员工对直接主管更加信任，员工才愿意为了直接主管的利益而奉献自己。

一、概念与测量

按照社会交换理论,拟人化的组织与员工、直接主管与员工之间都存在互惠交换关系。在延续了艾森伯格等人组织支持感概念的思想之后,科特和沙拉芬斯基(Kottke & Sharafinski,1988)则进一步提出了"主管支持感"(Perceived Supervisor Support,简称 PSS)概念。主管支持感是指,员工对主管重视其贡献、关心其福祉程度的总看法。艾森伯格、斯廷格汉伯和范登伯格(Eisenberger, Stinglhamber & Vandenberghe, 2002)等认为,根据社会交换理论,员工与直接主管之间也是互惠互利的,并在此基础上发展权利义务关系。直接主管支持员工,员工才会忠诚于直接主管。也就是说,直接主管与员工之间的互惠交换要能够发生,关键还取决于员工的内心要有交换的意愿;而员工的交换意愿又主要取决于员工对直接主管支持自己程度的感知。员工越是感知到直接主管对自己的支持,就越会信任自己的直接主管,也就更加愿意为了直接主管的利益,而做出自我牺牲。因此,主管支持感概念的提出,也有利于解释从主管支持到主管忠诚之间的心理作用机制,强调员工对主管支持的感知是引发主管忠诚水平变化的前提。

科特等人(1988)接着就研究了主管支持感的测量问题。他们以艾森伯格等人(1986)"组织支持感调查表"的 16 个有效条目为基础,将其中的"组织"替换成"主管",其他措辞则完全不变,组成了"主管支持感调查表"(Survey of Perceived Supervisor Support,简称 SPSS)。相关因素分析结果表明,SPSS 量表也具有单维结构,其内部一致性系数高达 0.98。但夏洛克和艾森伯格(Shanock & Eisenberger, 2006)认为,简单将"组织"替换成"主管"的做法,会引起共同方法偏差。格林豪斯、帕拉斯拉曼和沃姆利(Greenhaus, Parasuraman & Wormley, 1990)在研究中则使用了 9 个条目的主管支持感量表,用来测量员工对直接主管支持的感知。该问卷主要询问员工对下列问题的主观感知:主管是否了解员工的职业期望,主管能否为员工提供相关的职业发展信息,主管能否为员工及时提供有益的反馈和绩效改进建议，主管是否会给员工分派特殊的任务进行锻炼，主管是否会帮助员工获得额外培训机会来发展和巩固新技能，主管是否会给员工颁授适当的荣誉等。该问卷的内部一致性系数也高达 0.93。

二、主管支持感与主管承诺

根据社会交换理论，员工与直接主管之间也会发生互惠的交换关系。主管支持感概念强调，主管的支持要能够为员工所感知，才能够激发员工对主管的承诺与忠诚。陈振雄（2001）认为，主管承诺（Supervisory Commitment or Commitment to Supervisor）是"一个下属对一个特定主管的认同、依附和奉献的相对强度"。主管承诺是从组织承诺中演化出来的一个相关概念，陈振雄（2002）主张称之为"主管忠诚"。他认为，如果说组织承诺（Organizational Commitment or Commitment to Organization）是员工与组织之间的一种心理依附关系，那么在华人社会中员工与主管之间的心理依附关系，最好称为员工"对主管的忠诚"（Loyalty to Supervisor）或"主管忠诚"（Supervisory Loyalty）。在理论上，主管支持感表明的是直接主管与员工之间的一种社会交换关系，基于互惠原则当员工感知到主管的支持后，就会产生回报主管的义务感和责任感，进而增进其对主管的承诺意识。斯廷格汉伯和范登伯格（Stinglhamber & Vandenbergh，2003）的研究证实，员工的主管支持感会显著地影响员工对主管的情感承诺。

三、小结

与组织支持感研究相比，学者们对于主管支持感的研究广度和深度，更显不够。甚至于目前对主管支持感的主流定义和测量方法，都主要是借用组织支持感的。有学者就指出，借用组织支持感问卷，而仅将原问卷条目中的"组织"改为"主管"，会犯同源误差问题。特别是，对于中国文化下的主管支持感与西方文化的相比较，有何异同呢？主管支持感到底是如何影响员工与主管及组织的社会交换关系呢？这些都还需要我们做更加深入的研究。但现有成果，基本证实了主管支持感对员工的主管情感承诺的正向影响关系。

第三节 员工忠诚度研究述评

古今中外，早有"忠"的思想。"忠"就意味着奉献。在现代组织的忠诚研究中，西方学者最先关注到的是组织承诺。后来又从组织承诺中析出主管承诺。可见，忠诚与承诺是密切相关的，甚至于忠诚常常就被看成承诺的同义词。华人学者郑伯埙等从对象、层面和内容等三个方面，对员工忠诚进行了相关研究。他们主张，将华人员工的主管忠诚、组织忠诚分别与"私忠""公忠"相对应。其后许多中外学者对"主管忠诚""组织忠诚"的概念及结构维度进行了不同定义，并开发了不同测量工具。随之，组织支持感、主管支持感与员工忠诚之间的关系研究，也得以逐步展开。

一、中西方"忠"的思想起源

早在春秋时期中国就有了"忠"的思想，其基本含义就是真心实意、竭尽全力、大公无私。为维护封建统治的需要，儒家将"忠孝节义"作为维系社会稳定的基本道德规范（王子今，1999）。汉代董仲舒又将其进一步具体化为"三纲"（君为臣纲，父为子纲，夫为妻纲），成了维护封建等级制度和政治秩序的基本法则。他认为"君为主、臣为从；父为主，子为从；夫为主，妻为从"，这是天定的、永恒的。东汉马融又提炼出"忠之道"，他认为"忠者，中也，至公无私；忠也者，一其心之谓也"。到了现代社会，忠诚概念逐渐应用到组织管理之中，成了控制下属风险和替代制度管理的一种有效机制（郑伯埙，1995）。改革开放以来，随着以平等互惠、自主选择为基础价值观的西方管理思想的大量传播，中国社会基于传统等级尊卑和角色义务的依附式忠诚，受到了越来越大的挑战。

在西方世界，忠诚概念最早出现在哲学领域。英文 Loyalty 起源于拉丁语的 Legalis，是遵从神的训诫之意。米尔（Mele，2001）发现，到了古希腊和古罗马时期，忠诚含义逐渐从对神的遵从，扩展为对家庭和团队利益服务的责任。罗伊斯（Royce，1908）将忠诚定义为，个体愿意并在实践中将自己彻底地奉献于某个目标（Cause）。他认为忠诚是一个等级体系，包含了三个类别：一是对价值和原则的衷心奉献；二是对特定个体的忠诚；三是对团体的忠诚，也就是所谓的集体主义。而格雷厄姆（Graham，1991）则从政治哲学视角来考察组织行为，他将 Loyalty 看作组织公民行为的一个重要维度，包含了捍卫组织利益、维护组织声誉、为获得组织利益而与他人合作等。

由此可见，无论在西方还是东方，忠诚的内涵基本上都是一致的，都是遵从与顺从的意思；而且在遵从的对象上，都由以前对神权、君权、父权等的服从，转换到了现代组织中员工对组织与主管等的奉献、遵从等。

二、组织承诺与员工忠诚的关系

（一）组织承诺与主管承诺

在现代组织忠诚问题研究中，西方学者如波特、斯蒂尔、莫迪和布利安（Porter，Steer，Mowday & Boulian，1974）等人，最先关注到的是对组织这个整体对象的忠诚，即组织承诺（Organizational Commitment），后来贝克尔（Becker，1992）、格雷格森（Gregersen，1993）、赖切斯（Reichers，1986）等人才逐渐从中区分出了主管承诺（Supervisory Commitment or Commitment to Supervisor）。组织承诺是指员工对组织所持有的一种肯定性态度或心理倾向，是员工与组织在心理上形成的一种固定联结。不同的学者从不同的角度分别给组织承诺下了不同的定义。从投入成本角度，贝克尔（Becker，1960）将组织承诺定义为"随员工投入而产生的维持活动一致性的心理倾向"。员工的这种投入包括个人才能、时间、精力、技能和感情等。员工对组织累积的"单边投入"越大，则他离开组织的经济成本和社会成本就越高，员工也就会更加忠诚于组织。波特、布利安（1979，1974）从情感联系角度，将组织承诺定义为"员工对特定组织的认同度和投入度"。从道德规范角度，威纳（Wiener，1982）则把组织承诺定义为"按照有利于组织目标和利益而行动的总的内部规范压力"。也就是说，个体之所以对组织产生承诺，是因为"他们相信这样做是对的和道德的"。加拿大学者艾伦和迈耶（Allen & Meyer，1990）综合了前人的研究成果，把贝克尔的"单边投入"命名为"持续承诺"（Continuance Commitment），把波特等人的承诺命名为"情感承诺"（Affective Commitment），把威纳的承诺命名为"规范承诺"（Normative Commitment），这就形成了经典的艾伦和迈耶组织承诺三因素模型。

后来，组织承诺具有多重对象和多元内容的想法，逐渐获得了贝克尔、格雷格森、比林斯等人实证研究的支持。赖切斯（Reichers，1986）主张，员工对组织的承诺应最好理解为"一组承诺的集合"。他把员工承诺的对象分为高级管理层（Top Management）、同事（Co-workers）、主管（Supervisor）、下属（Subordinate）、顾客（Customer）以及其他群体和个人，并认为应针对具体对象来探讨组织承诺的内涵。贝克尔和比林斯（1993）依照承诺对象与员工心理距离的远近，区分出了两类承诺对象：整体对象（Global Foci，如组织本身和最高管理层）和区域对象（Local Foci，如工作团体与直属主管）。西方学者对主管承诺概念的界定，基本承袭了组织承诺概念，认为主管承诺就是下属对其直接主管的一种心理依附状态。但由于下属对主管没有像对组织那样，有较为清晰的成员意识。因此，组织承诺中的持续承诺就不太适用于主管承诺。而下属与主管之间的关系更不可能有既定的规范要求。因此，贝克尔等（1996）、格雷格森（1993）、斯廷格汉伯、范登伯格（2003）等人认为，在主管承诺中就主要涵盖认同与内化这两类情感承诺维度。

（二）承诺与忠诚的关联

目前，学术界对承诺和忠诚两者间的关系，还有颇多争论。两者有许多共同的地方，都反映了个体对待组织、主管或其他主体的态度。甚至在许多英文文献中，如在赫希曼（Hirschman，1970），莫罗、麦克尔罗伊（Morrow & McElroy，1993），沃瑟（Werther，1988）等人的作品中，忠诚常常被看成可以与承诺相互替换的同义词。谭晟，凌文辁（2003）甚至主张，将员工归属感或组织承诺等同于员工忠诚。张兰霞（2008）也认为，员工对组织的忠诚就是员工对组织的一种守诺行为。

虽然一些学者认为承诺与忠诚是可以等同的，但还是有许多学者主张两者之间的确有些细微差别。首先，两者差别的外在表现是，这两个概念的文化适用性有所不同，忠诚似乎要更加适用于中国文化情境。陈振雄、徐淑英和樊景立（2002）就主张，在中国社会文化背景下，对一个人的心理联系最好被描述为个人忠诚，而不是没有人情味的承诺。在中国社会，忠诚几乎成了维系上下级关系的一种传统文化要求。樊景立和郑伯壎（2000）认为，在中国的儒家传统文化中，十分强调上司地位的重要性。在儒家社会秩序中，"五伦"（即君臣、父子、兄弟、夫妇、朋友五种人伦关系）往往是社会的基础。在上述关系中，处于较低地位的人（如臣、子、弟、妇等）往往会被要求顺从和忠诚于他们各自的上级（如君、父、兄、夫等）；而高地位者则往往被假定会亲切和仁慈地对待下属成员。对于下属成员来说，忠诚就意味着对上级要自始至终地忠实与支持，或者说为了上司的利益而甘愿自我牺牲、自我奉献。如今，虽然中国的社会发展了，君臣和夫妇的从属关系也不存在了，但每个人还是会保持对各自承担的社会角色及其相应责任的敏感性，这依然是当今中国社会的基本要求。其次，在价值观基础上，西方承诺更多地基于社会交换理论，强调利益算计要有利于自我，而中国的忠诚则更加强调服从社会和道德的伦理规范，甚至不惜为社会和他人利益而牺牲自我。也就是说，西方的承诺概念是基于个人主义价值观基础来定义的，个人与组织的交换关系对自己要有利，至少也应该是等价的，然后才是个人对组织共同目标的服从；而中国的忠诚概念是基于儒家文化来发展的，个体忠诚往往是建立在追随特定对象的价值观的基础之上，因而对特定对象能够无私奉献、忠贞不渝，甚至不惜牺牲自己的生命。因此，西方员工与组织的关系一般是建立在契约基础之上的，双方之间追求等价交换；而中国几千年的"家文化"

要求员工"爱厂如家",鼓励员工为了集体利益而勇于牺牲自己。再次,在对象目标上,西方承诺概念发展是从整体对象再衍生到特殊对象,如从组织承诺到主管承诺;而虽然中国传统的忠诚对象较为宽泛,可以是党、国家、组织、家庭或个人,甚至是某种价值观,但华人学者在忠诚研究方面最先注意到的是,特殊对象忠诚在华人组织中的特殊地位,如对君主或主子的忠诚、对老板或主管的忠诚等。基于上述区别,中外学者在研究的概念选择上各有侧重,西方学者更多地研究"员工承诺"(Employee Commitment),而很少直接研究"员工忠诚"(Employee Loyalty)。最后,在作用方向上,承诺与忠诚似乎也有些不同。赞加罗(Zangaro,2001)认为,承诺(Commitment)具有双向性,而忠诚(Loyalty)往往是单向的。在追求身份"平等"的西方社会中,学者们自然会更多地研究承诺(Commitment),而在权力距离较大的华人文化圈,学者们自然对单向性的忠诚(Loyalty)更加情有独钟。总结来说,在承诺与忠诚这两者的关系上,西方的情感承诺更能反映中国的忠诚概念,而西方的持续承诺和规范承诺却未必能产生中国人的忠诚感,因为中国人的忠诚是不计较个人价值的,而西方人持续承诺的基础就是害怕自己的经济损失。

(三) 员工忠诚的分类

与组织承诺一样,组织中的员工忠诚也有多种划分方法。华人学者郑伯壎和姜定宇(2008)从忠诚对象、忠诚层面和忠诚内容等三个方面,对现有员工忠诚研究进行了整合。他们发现,现有研究的忠诚对象主要集中在组织和主管,忠诚内容则主要有情感忠诚、规范忠诚和工具忠诚,而忠诚层面则主要包括态度和行为两个方面。当然,因为组织只是一个笼统的整体概念,它包括了许多不同的组成部分,如高管团队、部门、主管和同事等,因此组织中的忠诚也还有诸多表现形式,如同事忠诚和部门忠诚等。但不管怎样划分,员工对组织和主管的忠诚都是学者们研究的焦点。而且郑伯壎(1995)发现,在社会现实生活中,直接主管也经常使用忠诚作为一个关键效标,将下属区分为"圈内人"和"圈外人"。即使到了现代社会,许多中国下属在一定程度上依然觉得应该忠诚于他们的主管。因此主管忠诚与组织忠诚一样，都应该是我们研究的重点。

三、组织忠诚和主管忠诚及其测量

台湾学者郑伯壎等人（2000）主张，在华人社会中员工对直属主管私人的效忠就是"主管忠诚"（Supervisor Loyalty），而员工对组织本身的效忠就是"组织忠诚"；分别对应于华人文化的"私忠"（也就是下属对某个主体个人的忠诚）与"公忠"（也就是下属对自己所属组织的忠诚）。在现代华人家族企业中，我们仍然可以清晰地观察到"私忠"形式的存在，而且郑伯壎（1995）、雷丁（Redding，1990）、西尔金（Silin，1976）等人发现，"私忠"也仍然是组织管理者需要十分重视的员工态度与行为。因此，在权力距离较大的华人社会，研究员工对组织和主管的忠诚，有着更好的实践场所和更大的实际意义。但目前，中外学者们除了对员工忠诚（特别是员工的组织忠诚和主管忠诚）定义争执不清外，对于其结构、维度也还有许多不同观点。

奥赖利、查特曼和贝克尔（O'Reilly，Chatman & Becker，1996）认为，员工的主管忠诚包括认同和内化两个方面。只有当员工将主管的价值观内化为自己的时，员工才会去主动模仿主管的态度和行为。在继承O'Reilly等人主管忠诚思想的基础上，陈振雄、徐淑英和樊景立（2002）认为，在中国文化背景下，主管忠诚就是员工对主管的认同、内化、依附、尽职和奉献的程度。他们还整合与开发了一套适合华人社会员工对主管忠诚感知的测量表，该问卷主要包括五个维度：对主管的奉献、为主管做出额外努力、对主管的追随、认同主管、将主管价值观内化为自己的等。

因为组织承诺与主管承诺的渊源关系，许多学者还是借用组织承诺结构维度来定义主管忠诚。如克鲁斯顿（Clugston，2000）借鉴艾伦和迈耶对组织承诺的分类（"持续承诺"、"情感承诺"和"规范承诺"），将员工的主管忠诚也划分为三个维度：情感性忠诚感、持续性忠诚感和道义性忠诚感。姜定宇和郑伯壎（2008）将员工的主管忠诚分为两个维度：情感性忠诚感和角色义务性忠诚感,后来又发展为三个维度:情感忠诚、规范忠诚和工具忠诚。

关于组织忠诚的测量也大多来源于组织承诺。许多学者甚至就直接采用波特、斯蒂尔、莫迪和布利安(1974)等研制的组织承诺问卷(Organizational Commitment Questionnaire,简称OCQ)来测量员工的组织忠诚。当然,也有对OCQ量表稍加修订的。如台湾学者李元敦的OCI量表,就是一个修订了的OCQ量表,经检验它更加适合台湾企业的情况。而针对中国大陆企业员工的组织忠诚度测量,凌文辁、张治灿和方俐洛等人的研究较为系统。凌文辁等人(2000)认为,组织承诺是检验员工对组织忠诚的一个指标,是员工对组织的一种态度,组织承诺解释了员工为什么要留在企业。凌文辁、张治灿和方俐洛(2003)研究开发了"中国员工组织承诺问卷",他们将中国企业员工的组织承诺结构定义为五个因子:感情承诺,就是认同企业,愿为企业发展贡献自己,甚至不计回报;规范承诺,就是以职业道德和社会规范为行事准则,对企业尽自己应尽的职责和义务;理想承诺,就是关注个人成长,主要考虑企业能否提供相应的条件和机会,以便实现自己的理想;经济承诺,是指员工因怕离开企业导致经济上有所损失而继续留在该企业;机会承诺,是指员工因为没有找到更满意的企业而继续留在该企业。由于凌文辁等将组织承诺与组织忠诚等同化,因而"中国员工组织承诺问卷"也就是他们对中国员工组织忠诚的测量问卷。而且从该模型可以看出,他们认为中国企业员工的组织忠诚结构与西方承诺同样具有持续忠诚、感情忠诚和规范忠诚因子,其含义与艾伦和迈耶模型中的基本一致。

四、组织或主管支持感与员工忠诚的关系

根据互惠原则,当员工感受到来自直接主管的认同、关心和支持时,员工就会受到激励而对直接主管产生一种义务感、归属感,从而会以更加努力的工作和更高的忠诚度来与直接主管的支持相交换,对直接主管的承诺也会增加。如果说主管支持感让员工感知到了主管的支持,那么主管忠诚则是员

工回报的对直接主管的支持与承诺。而依社会交换理论，员工若觉得主管乐于为自己提供支持，基于 LMX 的观点，员工就会相信直接主管很重视自己的贡献、很关心自己的福祉，作为回报员工就会提高对直接主管的承诺与忠诚，主动地帮助直接主管克服管理上的困难，改进相关工作，甚至产生更多的角色外行为（如帮助同事）等。郑伯壎、姜定宇和赖利（2003）等人的实证研究表明，员工的主管支持感与员工对主管的情感性忠诚感显著正相关。

五、小结

虽然，在高权力距离的华人文化圈，研究员工对组织和直接主管的忠诚，具有十分重要的理论意义和现实价值，但此项工作开展得并不好，创新性及获得广泛认可的研究成果还不多。特别是对中国文化背景下员工对主管和组织忠诚的含义、结构、维度、测量等，还有诸多争议，尤其是员工对组织的忠诚研究较为薄弱。虽然如此，但我们还是可以得出一些基本结论，如在中国文化背景下研究组织与主管忠诚具有更加适合的土壤，中国员工的组织与主管忠诚更加强调价值观的认同，西方组织和主管承诺中的情感性承诺更加接近中国员工的组织与主管忠诚。

第四节 离职倾向研究述评

人们对离职倾向和离职行为的研究由来已久。但对离职倾向前因的争论还莫衷一是，但也成果颇多。而关于组织支持感和主管支持感如何影响员工离职倾向等问题，则还有待深入研究。

一、离职的相关概念

莫布利（Mobley，1982）认为，离职就是"从组织中获取物质利益的个体，终止其组织成员关系的过程"，具体就是"终止其与组织劳动合同的行为"（张勉，2002）。艾贝尔森（Abelson，1987）依据普赖斯和道尔顿（Price

& Dalton)等人对离职的划分,将离职以个人是否自愿和组织是否可以避免为准则,分成四个类别。其中,组织努力后可避免的自愿性离职,主要是指员工因为对组织、主管等不满,而产生的自愿性离职。

离职倾向(Turnover Intention)是指,员工想要离开现有组织或岗位的心理倾向,它反映了员工自愿离职(Employee Turnover)的意愿强度。对于离职倾向,中外学者观察的角度不同,给出的定义也有所不同。波特和斯蒂尔(Porter & Steers,1977)将离职倾向定义为员工经历了不满意后的下一个退缩行为;斯蒂尔和奥瓦耶(Steel & Ovalle,1984)则强调,离职倾向是员工"一系列想要停职并企图寻找其他工作的认知的最后一个阶段",离职倾向最能预测离职行为的发生。樊景立(1978)则给出了一个更具操作性的离职倾向定义,认为是"个人想离开目前的工作岗位,另寻其他工作机会的倾向强度"。员工的自愿离职意愿越强烈,其产生离职行为的可能性就越大。

二、离职倾向的前因

穆金斯基和莫罗(Muchinsky & Morrow,1980)认为影响员工离职倾向的因素主要有三个:经济机会、工作关系和个人因素。经济机会因素,主要从社会经济运行大背景下就业机会的变动来分析离职倾向;工作关系因素,则从组织运行中员工上下级关系和同事关系等视角来探讨离职倾向;个人因素,主要根据个体特质和偏好的不同来判断离职倾向。乔斯顿(Joston,1993)进一步指出,员工工作态度受其与上级关系的影响,如果员工对上级的认可度和满意度较高,员工工作起来就会更加积极主动,更愿意为组织服务;而如果员工对上级很反感或与上级关系不融洽,则员工离开组织的意愿就会很强。艾弗森(Iverson,1997)把离职倾向影响因素分为个体变量、与工作相关变量、外部环境变量和雇员定向等四个方面,其中与工作相关变量就包括来自合作者或主管的支持等。夏艳玲(2007)认为,影响员工离职倾向的变量包括个体变量、环境变量和结构变量,其中结构变量主要包括组织或主管提供的社会性支持等。布鲁德和简（Bluedorn & Jan，1982）以路径分析模型支持了工作满意度、组织承诺与离职倾向的因果关系。总结来看，学者们普遍认为组织、工作和人际关系等因素，特别是组织和主管的支持，以及员工对组织和主管的承诺与忠诚，是影响员工自愿离职的主要因素之一，相关研究结果也支持这些观点。

三、小结

从上述文献回顾可以得出，组织和主管等组织中的社会环境变量，是影响员工离职倾向乃至离职行为的重要因素，并且得到了许多相关学者实证研究的支持。另外，员工对组织的情感承诺与忠诚，也是员工离职倾向和离职行为的重要影响因素，也得到了实证检验。然而，对于组织和主管支持如何通过对员工的情感影响进而影响员工对待组织的态度（如离职倾向），人们研究的系统性还有待加强。

第五节　组织地位相关研究述评

主管组织地位不同，则主管权力不同；主管权力地位不同，则员工的主管组织地位感知也就不同。员工的主管组织地位感知非常重要，因为只有当员工对主管的组织地位和权力有了深切感知，它才可能对员工的工作态度、行为和绩效产生影响。

一、组织地位相关研究

在组织中，各级管理者主要依靠下属成员来达成组织分派的目标。管理者所处的层级不同，则其在组织中拥有的地位和扮演的角色就不同，相应地也就拥有不同的资源调配权力。所以，在组织中，管理者的地位、权力、身份与角色等概念是紧密相关的，特别是管理者的组织地位与其所扮演的角色和所拥有的权力更加密切相关。

(一) 权力

管理者在组织中的地位与其所拥有的权力,可谓是一对孪生概念。管理者的权力大小,往往是其组织地位高低的直接反映。阿吉尼斯、内斯勒、奎格利和泰代斯基(Aguinis, Nesler, Quigley & Tedeschi, 1994)认为,权力是一个内在社会建构。而平克(Pinker, 2002)认为,在很大程度上,只有当人们心甘情愿地接受它的时候,权力才会存在。因此对于领导来说,其权力的存在需要得到员工的心理感知。起初社会心理学家往往将权力看成一种结构变量,加林斯基、格伦菲尔德和马吉(Galinsky, Gruenfeld & Magee, 2003)认为,权力要基于一定社会事实才能存在。但后来他们逐渐关注到,权力也具有心理特点,需要有员工的心理感知。所以,加林斯基等人认为,权力既是一种结构变量,也是一种心理状态。依据不同的标准,可以将组织中的权力划分为不同的类别。按权力是否来源于组织的制度规定,可以将组织中的权力划分为正式权力和非正式权力。正式权力就是组织正式赋予某职位的法定权力,而非正式权力则与管理者的专业知识、个人魅力和情感等相关。前者具有强制性,而后者的影响则更加深入与持久。

(二) 管理者权力

在组织中,权力与领导也是紧密相关的,但菲德勒(Fiedler, 1970)认为,权力与领导是两个不同概念。公认的领导者权力来源主要有五种:法定权、强制权、奖赏权、专家权和参照权等。尤克尔和弗利特(Yukl & Fleet, 1992)发现,领导者一般要通过应用各种权力,来指挥和协调下属成员活动,达成共同目标。领导要应用权力,但领导又不是权力。权力只反映了一种潜在的动力,而领导则能触发这种潜力。领导是一个使用权力、激励下属,并导向群体或组织预定目标的过程。领导一般发生在群体和组织情境之中,但权力不一定局限在组织范围内行使,如主管也可能因为私人原因而对下属行使权力,在雇佣关系之外也还存在权力关系。基于上述分析,员工对主管的权力感知,是在主管与员工关系框架下的一个理论建构,它不只局限于组织情境中主管与员工之间的权力互动关系,还包括领导作用没有发挥时，上下级之间暗含的其他一些权力关系。如主管可能对员工组织生活之外，也有施加影响的权力。也就是，员工感知的主管权力既包括员工对主管正式权力运行的感知，也包括对非正式权力的感知，而后者对员工的态度和行为会产生更大的影响。费奥尔、奥康纳、阿吉尼斯（Fiol, O'Connor & Aguinis, 2001），欧柏瑞欧、古德温和菲斯克（Operario, Goodwin & Fiske, 1998）等人认为，员工感知的主管权力可以表现在员工信仰、意念和行为等方面的改变上。亚玛利诺和杜宾斯基（Yammarino & Dubinsky, 1994）也证实，员工的主管权力感知，确实会对员工的态度和行为等产生影响。

（三）权力的来源

权力不是凭空产生的。一般来说，权力的产生是基于对资源的依赖，也就是权力来源于拥有别人想要或必需的东西。凯利和蒂博（Kelley & Thibaut, 1978）认为，虽然对权力的讨论一般都会围绕着角色依赖展开，但人们往往不太明白权力和依赖之间的确切关系到底是什么。同样，人们对权力感知也还缺乏深入理解，其中的一个主要原因是，依赖的产生要基于不同的具体角色和个体差异，而研究者们经常会忽略这一点。

斯特里克（Stryker, 1980）认为，角色往往代表了一个稳定和循环反复的社会关系模式，并且获得了广泛的社会理解和认同。依赖产生于个体有需求，而需求又与个体的角色身份密切相关。个体的需求、目标和激励等都有一个层级结构，它们都是个体相关身份的显著结果。克罗潘扎诺等（Cropanzano et al., 1993）认为，相关身份与个体关系越显著，则个体目标、需求与这种身份对个体行为的激励就越相关。工作场所中的个体为了维持特定身份，需要拥有特定资源，这就形成了对特定资源的依赖。伯克、斯蒂斯、斯特赖克、塞尔普等人认为，个体自我意识中对这种身份的心理趋向越强，他对这种资源的需求就会越强。因为下属一般会对他们的直接主管倾注更多的关注，所以他们就更有可能对主管能够提供或控制之下的资源形成一种判断和感知，这就形成了下属对主管权力的感知。而下属的主管权力感知，是影响下属对主管组织地位感知的最重要影响因素。

因此，主管的权力大小，在不同下属身上会有不同的感知，而这种感知又取决于员工对相关身份需求的种类和大小。一般来说，不同下属成员会有不同的相关身份需求，而且这些相关身份需求的相对重要性也会有所不同，这就决定了不同下属对同一主管的资源依赖程度会有所不同。相应地，下属感知到的可获得资源和他的资源需求之间的互动效应，决定了该下属感知到的主管对他或她所拥有的权力大小，也就会有所不同。举例来说，假如一位下属拥有三项十分类似且趋中程度比较高的自我意识核心身份：一个核心身份是作为一名创新人才，另一个身份是作为一名成功人士，还有就是作为一名环保人士的身份。那么，是什么决定了该下属成员认为自己的主管有权力呢？如果被看成在主管控制之下的资源或资源流可能与该下属作为环保人士角色的特定需求不相匹配，那么该下属就不会认为该主管对自己在环境保护方面拥有多大的权力。这里的资源既包括物质资源（如环保知识）也包括心理资源（如在工作中受到主管重视）。除非该主管也是一个环保主义者，他才更有可能被看成一个潜在的环保资源提供者。相对于其他任何个体，对于拥有某些身份的下属来说，他的身份需求是特定的。可见，不同员工基于个人不同的身份需求，会对主管的权力有不同的感知，进而对该主管的组织地位形成不同的判断。

（四）主管组织地位

本文所说的主管组织地位，主要指员工所感知到的直接主管在组织中的非正式地位，也就是员工的主管地位感知（Perceived Supervisor Status）。员工感知的主管非正式组织地位，主要体现在员工对以下几方面的评估与判断：一是组织对主管的积极评价和对主管福利的关心；二是主管对重要的组织决策的影响；三是为了执行工作职责而分配给主管的权力和自决权。在这三项之中，隐藏在主管组织地位背后的，主要是主管在组织中拥有的权力，包括直接主管对组织决策的影响权、组织给主管的资源分配权和自决权等。员工对主管组织地位高低的感知，还可能反映在员工对组织给予直接主管的评价和福利水平高低的主观评价上。

二、小结

在组织中，主管的组织地位主要以主管的权力大小来衡量。而员工感知的主管的权力大小，除了取决于主管是否拥有员工需要的资源外，还与员工的身份需求以及员工对相应资源需求的程度相关。相较于主管的正式权力地位，其非正式权力地位对员工会有更加深入的影响。主管的正式权力地位往往与其所处的职位高低密切相关，而主管的非正式权力地位往往会突破其职位权力的限制，往往与主管个人特质密切相关。主管的非正式权力地位越高，则主管与组织和员工的融入程度就越高，也就能够更好地充当组织的代理人角色。那些被认为是组织特别喜好的主管，将会被员工感知更加具有组织的基本特征、能够获得更多的组织资源，也就具有更高的组织地位。员工直接主管在组织中的非正式地位越高，员工的组织支持感就越能够正向影响员工的主管忠诚度。本研究将员工感知的主管组织地位，作为主管融入组织和员工程度的测量指标，研究其在促进员工组织支持感到主管忠诚之间的调节效用，这在前人研究中基本没有涉及。

第六节 领导成员交换研究述评

根据社会交换理论，员工与领导之间的交换关系，是以互惠原则为基础构建起来的。因之，就产生了"圈子""关系"和"人情"等概念，尤其以儒家文化盛行的华人社会为胜。在中外学者共同努力下，领导成员交换关系概念、结构与测量研究，业已相当成熟，而以领导成员交换关系为中介和调节变量的研究，还在日渐增多。

一、领导成员交换关系的演化

领导—成员交换（Leader-Member Exchange，简称LMX），是在角色系统形成理论和社会交换理论基础上进一步产生的，特别是对社会交换理论的延伸和发展。达姆塞勒特（Damsereauetal，1973）发现，在传统领导理论中，组织成员的知觉和行为反应具有同质性，领导可以用相同方式对待所有下属成员。但事实上这种平均的领导方式（Average Leadership Style，简称ALS），是不会有好的领导效果的。针对 ALQ 理论的不足，格雷恩、斯坎杜拉（Graen & Scandura，1987，1986，2013）等人就提出了 LMX 理论。他们认为，由于交往的时间及投入资源的数量和质量不同，不同下属与领导交换关系的质量会有所不同，这就会形成以领导者为中心的"圈内团体"（In-group）和"圈外团体"（Out-group）。"圈内团体"成员与领导者的交换质量会更高，对领导者会有更高的信任度、忠诚度和尊重感。他们对领导者会有更多的追随，甚至产生更多角色外行为来协助领导完成任务。而领导对"圈内团体"成员也会给予更多关注与支持。在中国，"圈子""关系"和"人情"等是比较普遍的特殊文化表征。因此，在高权力距离的中国文化中，权力更多地掌握在个人手中，而不是被制度化、规范化，关系性实践在中国依然流行。中国人在处理问题时，往往会根据与对方关系的亲疏远近来决定处理方式，这在梁觉、彭·迈克等人的研究中，得到了证明。

斯坎杜拉（Scandura，1986）认为，在社会交换关系中，交换双方都会遵守"得到好处有义务做出回报"的规则，因而能够形成一种互惠互利关系。根据互惠原则，交换双方基于相互之间的信任，受益方一般都会努力回报对方。但科特雷尔、艾森伯格、斯派克（1992），艾森伯格、科特雷尔（1987）等人认为，因为回报的时间和方式等是不确定的，所以这就使事先做出贡献的一方有得不到回报的风险。古尔德纳（Gouldner，1960）认为，在组织情境中，当员工和直接主管都遵守互惠原则时，一方做出的积极努力必然会受到另一方积极的回报，从而可以产生有利于交换双方的积极结果。当员工感受到主管对其具有较高的资源投入、提供较多的信息和资金支持、给予更多的信任和机会时，根据互惠原则员工就会产生一种要为直接主管利益和组织目标达成做出贡献的责任感，从而促使员工用更高的组织承诺和更加努力的工作来回报直接主管和组织。同样，肖尔和泰特里克（Shore &

Tetrick，1994）认为，社会交换中的互惠原则也可以用来解释组织中员工负面的态度和行为结果。而在 LMX 与相关结果变量关系研究中，利登（Liden，1997）进行了很好的总结，他发现领导成员交换对员工的态度、行为以及组织提供的结果三个方面都有预测作用。

二、领导成员交换关系的测量

最初，人们认为 LMX 是单维度的，随着研究的深入，人们逐渐接受了多维结构的观点。在对 LMX 测量的探索中，桑多拉和格雷恩（Seandura & Graen，1984）较早开发了 LMX—7 量表。此量表主要测量领导和下属之间的工作关系特征，共有 7 个题项。迪涅希和利登（Dicnesch & Liden，1986）则认为 LMX 的结构应该是多维的，他们定义的 LMX 结构维度主要包括情感（Liking）、贡献（Contribution）和忠诚（Loyalty）三个方面。格尔辛纳、戴（Gersiner & Day，1997），塞里希海姆等（Sehriesheim et al. 1999）的元分析均表明，在所有 LMX 测量量表中，LMX—7 的信度与效度还是最好。

三、小结

根据社会交换理论，领导会有意无意地将下属划分成"圈内人"和"圈外人"。对于"圈内人"，领导会与其进行更高质量的交换。对于主管和员工来说，其 LMX 交换质量的高低，也反映了员工对主管的接纳程度，或者说主管融入员工队伍的程度。前人研究已经证明，领导成员交换会影响员工的态度、行为和结果。但对于领导成员交换在促进员工与组织或主管交换关系中的参照体转换，人们还少有涉及。

第七节 群体原型研究述评

定义集体自我是人类的本能愿望，领导者也不例外。领导者要能融入所领导的群体，领导所在群体，他就必须深刻了解群体特征。因此，群体原型概念的提出，具有重要的理论和实践意义。因为群体原型是指那些能够体现内群体相似性、群体间差异性的群体特征集合。与群体原型概念相似，就有了组织原型概念，这是组织特征的集合，是组织身份的细化。因此，我们可以推论，主管或领导要能够代表所在的群体或组织，要能够增加对员工的影响，其就要深刻了解群体原型和组织原型的原理。

一、群体原型及影响

尼彭伯格（Knippenberg，2011）、尼彭伯格和霍格（Knippenberg & Hogg，2003）认为，在组织中领导者不仅领导着自己的团队，同时也是其所领导的团队中的一员，因此就产生了领导者的群体身份问题。根据领导力的社会身份理论（Social Identity Theory of Leadership），定义集体自我是人类的本能愿望，人们都期望能感觉到自己归属于群体和被群体所接受，这是人类自我定义的一个重要方面。在这方面，领导者也不例外。这就产生了群体原型概念。所谓群体原型，主要是指那些能够体现内群体相似性、群体间差异性的群体特征集合。

依据自我范畴化理论，群体成员都会不断地抽取出群体原型。而在群体成员不断的互动交流中，就会产生共享的群体原型。依据领导力的社会认同理论，领导者需要与群体成员的共享原型相匹配，才能实现对群体成员的有效领导，而群体成员也会尽力选择能够代表群体共享原型的人，来作为该群体的领导。因此，依据领导力的社会认同理论，领导的群体原型代表性决定了领导的有效性。相对于低原型代表性领导，高原型代表性领导对群体成员更具影响力。但原型代表性也会随社会参照体和自我范畴化的变化而变化。哈斯拉姆等（Haslam et al.，2011）认为，当某一自我范畴凸显时，能够代表该范畴特征、最大化区分内外群体的原型就会凸显出来，而最能代表这种原型的领导者对群体成员就会最具影响力。阿拉伯托、拉斯特、拉科、霍格和克拉诺（Alabastro，Rast，Lac，Hogg & Crano，2013）认为，领导者的原型代表性会影响领导的有效性，这得到了相关研究结论支持。而依据领导力社会认同理论，领导者可以通过促进群体成员社会认同的办法，来增强其对群体成员的影响力。另外，领导者的群体身份导向行为也会影响领导的有效性。如果领导者能够更多地为了群体成员而向组织争取利益，那么他就更容易得到群体成员的认同，更能够在群体中获得合法性和影响力，增加其群体原型代表性。

二、组织原型概念的提出

群体原型概念的提出，有利于我们更加深入地理解和解释群体领导的有效性问题。现有研究已经发现，领导的群体原型代表性决定了群体领导的有效性。在群体中，原型领导比非原型领导更有效；高原型代表性领导比低原型代表性领导，对群体成员的影响会更大。

那么，由群体原型概念，我们能否衍生出组织原型概念，用于解释组织中的领导现象呢？由于管理学是一门新兴学科，其基本理论和基本概念多由心理学、社会学等相关学科引入，而且至今为止，管理学的许多概念也还在不断发展之中。而发展的一个办法，就是对概念主体不断拓展。如由组织承诺拓展出了主管承诺，由组织支持感拓展出了主管支持感概念等。基于类似的想法，我们也由群体原型概念拓展出组织原型概念，由群体原型性领导拓展出组织原型性领导等概念。所谓组织原型，是指那些能够体现组织成员相似性、组织间差异性的组织成员特征集合。领导的组织原型性，是指领导者代表组织的程度，或指领导者类似于组织成员共同原型的程度。领导自我感知的组织原型性，则代表了领导自我感知与组织原型的相似程度。

三、小结

领导力的社会认同理论已经证明，领导者的群体原型代表性会影响领导的有效性。当领导者的群体原型代表性高，他就更加能够充当群体成员的代表，更能够充当其所领导群体的化身。而同时，各级领导（如群体成员的直接主管）又充当了组织在相应层级的代理人。因此，在与组织的交往活动中，作为组织中一定层级代理人的高群体原型代表性领导，能够更好地充当组织的代理人角色。一方面他会更加积极地将其所代表群体成员的利益诉求反映到组织层面，另一方面他也会更加积极地将组织的政策意图贯彻到群体层面。也就是说，高群体原型代表性领导会更积极地促进群体意志和组织意愿之间的转化。而当员工感知到本群体的意愿和利益在组织中得到了更好的体现和保障时，他们会将主要的功劳归因于高群体原型代表性领导对本群体的有效领导。因此，高群体原型代表性领导在组织活动中，能够更好地在群体与组织之间起到桥梁作用，能够更好地体现群体和组织的意愿，因而也会影响群体成员对待组织的情感和态度，促进员工与组织及主管交换中的参照体转换。

第四章　研究假设与模型

实证研究遵循演绎方法的基本原理，要求提出符合逻辑的假设命题，通过概念化与操作化，基于科学方法收集数据，验证假设，证明真伪。

第一节　研究假设

研究假设是有待证明的命题。本研究基于现实观察、文献和逻辑推演，提出了相关研究假设。本研究在提出直接效应假设、中介效应假设、转化边界假设、有调节的中介效用假设和效应比较假设的基础上，构建了综合研究模型。

一、直接效应假设

本研究的直接效应，主要探讨组织支持感对员工离职倾向的直接效用、主管支持感对员工离职倾向的直接效用两个方面。

（一）组织支持感对员工离职倾向的直接效用

根据莱文森（Levinson，1965）的"组织拟人化"思想，员工会把组织看成一个有生命力的主体，然后把人类的某些特征投射到组织身上，并与其发生社会交换关系。员工在体验了组织的政策、措施、规范等之后，就会对"人格化"的组织产生特定的理解与感受，进而与"人格化"的组织发生相应的互动关系。而根据社会交换理论（Social Exchange Theory），在社会主义市场经济条件下，员工与组织之间发生的各种行为与活动在本质上都是一种社会交换关系，其发生的条件就是这种交换要对交换双方都有利。因为，在交换过程中交换双方一般会算计自己的付出和所得。如果交换双方都觉得这种交换是值得的，那么这种交换关系就能够持续地进行下去。而其中的回报和代价（既包括经济上的也包括心理上的，特别是心理上的回报），会对交换双方今后的态度和行为产生更加深远的影响。如在组织中，当员工感觉到组织对自己特别关心、赞赏和支持的时候，员工就会觉得自己也有责任为组织做出相应的贡献，以使双方的权利义务关系比较对等，社会交换活动能够持续进行。员工这种要为组织做出相应贡献的责任感，会进一步影响员工对待组织的态度，其中就包括其是否继续留下来为组织做更大贡献，或降低离开组织的意愿。按互惠原则（Norm of Reciprocity），当员工感知到组织对自己的支持时，员工就会对组织产生一种回报的义务感，会更愿意继续留在组织效力并减少离职倾向，从而为促进组织的目标实现做出更大贡献。

　　组织因素作为影响员工离职倾向的前因，早就受到了许多学者的关注。莫布里、格里菲斯、汉德和梅格里诺（Mobley，Griffeth，Hand & Meglino，1979）早就指出，离职倾向是离职行为的最强预测变量，而影响离职倾向的一个重要前因变量就是组织因素。这些组织因素主要包括组织公平、工作支持、与领导关系等。当组织能够给员工提供更多、更大的支持时，员工的离职倾向就会降低。克罗潘扎诺（Cropanzano et al.，1997），韦恩等（Wayne et al.，2003）的研究都证实，员工的组织支持感与其离职倾向呈负向相关关系。陈东健、陈敏华（2009）也发现，员工所体验到的组织支持感会影响员工的离职倾向。韩翼、刘竞哲（2009）研究发现，工作满意度部分中介组织支持感与员工离职倾向之间的关系。爱德华兹（Edwards，2009）分析认为，组织支持会向员工传递组织尊重员工的信息，因而更容易促进员工的组织认同，降低其离职倾向。基于上述分析，本研究提出以下假设。

　　H1a：中国企业员工的组织支持感能够负向预测员工的离职倾向。

（二）主管支持感对员工离职倾向的直接效用

根据自我决定理论，直接主管对员工提供的自主性支持会提高员工对胜任需求、关系需求和自主性需求的满足程度，进而导致员工对组织变革更大的可接受度和更高的心理调适水平，乃至对组织有更大的坚持性、更高的满意度，并提自身高绩效水平。其中，员工对组织的坚持性就包括员工留职意愿的增强和离职意愿的减弱。因此，直接主管的自主性支持与员工对待组织的积极主动态度、行为和结果，是紧密相关的。如德西和瑞安（Deci & Ryan，1985）的研究发现，管理者对员工的自主性支持，与员工更高的工作满意度及对公司管理更高的信任度密切相关，员工还会因此展现出更多正面工作态度。员工的正面态度就包括更高的留职意愿和更低的离职倾向。这种管理上的自主性支主要包括：从承认下属的角度用非控制性的方法提供更多相关工作信息，为下属提供更多抉择的机会，并鼓励下属自我启发，而非强迫下属必须按照某些特定方式做事。德西和瑞安（Deci & Ryan，2002）还发现，自主性等基本心理需求的满足无论在集体主义文化中还是个人主义文化中都很重要。因而，主管对员工的自主性支持会引发员工对组织的积极态度、降低消极态度，也具有普遍意义。而在相关实证研究方面，布劳夫（Breaugh，1985）研究表明，员工对工作自主性的感觉会增强其工作的参与性和绩效质量；布莱斯和布里（Blais & Brière，1992）也发现，管理上的自主性支持与下属的自主性动机呈正相关，进而与下属的绩效质量也正相关；谢尔顿和埃利奥特（Sheldon & Elliot，1998）研究发现，员工自主性动机可以预测其更大的工作努力和更多目标实现；巴德等（Baard et al.，2004）则发现，员工自主性因果定向能够有效地预测其需求满足程度和工作产出；林奇、普兰特和瑞安（Lynch, Plant & Ryan，2005）认为，那些更多地感知到自主性支持的员工，相比于那些更多地感知到控制性管理的员工，在执行任务时一般会表现出更多的内在化动机。因此，从自我决定理论的相关实证研究来看，管理者对下属的自主性支持能够正面地提升员工的工作态度、行为和结果，从而降低其离开组织的意愿。

乔斯顿（Joston，1993）从社会交换理论分析，认为员工工作态度会受其与上级关系的影响。如果员工对上级认可度和满意度比较高，则员工工作起来就会更加积极主动，更愿意持续地为组织服务；如果员工对自己的上级比较反感，或与上级关系相处得不够融洽，则员工离开组织的意愿就会比较强烈。赵西萍、刘玲、张长征（2003）研究表明，影响员工工作态度的因素包括员工对工作本身的满意度、对获得提升的满意度、对职业生涯开发的压力感、对情感承诺和报酬的满意度等，而这些因素大都与主管如何对待员工密切相关，是影响员工离职倾向的关键变量。根据互惠原则，员工与主管之间的交换关系应该是互惠互利的，这样双方的交往才能持续进行下去。因此，如果员工感知到主管在支持自己，那么他就会对主管产生责任感和义务感，会更加努力地促成主管目标的实现，并提升与主管共事的意愿，提升留职意愿，降低离职意愿。台湾学者罗新兴、周慧珍（2006）的实证研究直接证明了，员工主管支持感程度越高，其离职倾向就越低。基于上述分析，本研究提出以下假设。

H1b：中国企业员工的主管支持感能够负向预测员工的离职倾向。

二、中介效应假设

本研究中的中介效用，主要探讨组织忠诚在组织支持感与离职倾向之间的中介效用、主管忠诚在主管支持感与离职倾向之间的中介效用两方面。

（一）组织忠诚在组织支持感与离职倾向之间的中介效用

组织支持感，是指员工对于组织是否重视其贡献、关心其福祉、支持其工作、关心其发展的个人主观感知。组织忠诚则是指员工对待组织所持有的一种肯定性态度，体现了员工为实现组织目标而努力工作的内在倾向。组织支持感和组织忠诚都是员工对自己与组织的社会交换关系，经过反复权衡与评估后所得出的个人体验，分别反映了员工感知到的组织对自己支持的程度和自己对组织承诺的程度，它们是员工与组织交换关系质量的两个重要指示器。员工对自己与组织之间社会交换关系质量的这两种自我评估与感觉，是影响员工的组织行为、工作绩效和离职倾向的重要心理变量。

依据社会交换理论，员工与组织之间的雇佣关系，就是一种社会交换关系。组织支持感反映了员工在与组织交换过程中，员工对自己为组织付出所换来的组织回报的自我感知。肖尔和泰特里克（Shore & Tetrick, 1991）认为，当员工感觉到自己对组织的贡献与其所获得的奖赏之间，是有利的或等价的时，他们就会对组织产生一种情感的依附。艾森伯格等（Eisenberger et al., 2001）认为，特别是当员工受到了组织优待之后，就更会产生一种要补偿或回报组织的动机。也就是说，组织的优待和支持，能够换来员工对组织更高的承诺与忠诚。塞顿、内森和利登（Settoon, Nathan & Liden, 1996）研究证实，组织支持感与组织承诺具有相关关系。凌文辁等（2006）的研究证实，组织支持感确实会对员工的感情承诺、利他行为等结果变量，产生积极影响。刘小平（2001）研究也发现，在影响员工对组织承诺的多重因素中，组织支持对组织承诺的作用更为直接。

关于组织支持感和组织情感承诺，与员工离职倾向的共同关系，现有研究探讨得并不充分。但在已有关于组织情感承诺结果变量的研究中，如布鲁顿（Bluedorn, 1982），德克提斯、萨默斯（DeCotiis & Summers, 1987），帕卡斯、蒂特里克（Parkas & Tetrick, 1989），波特、克拉姆庞、史密斯（Porter, Crampon & Smith, 1976）、怀特纳、沃尔兹（Whitener & Walz, 1993）等人的相关研究中，证实了组织承诺能够减少员工的自愿离职。因为，一般来说，当员工在情感上更加依附于组织的时候，他就更不太可能会离开组织。格里菲思等（Griffeth et al., 2000）研究证实，组织承诺与员工离职倾向之间具有显著的负向相关关系。艾伦等（Allen et al., 1999）、艾森伯格等（Eisenberger et al., 1990）也发现，在一定程度上通过提升员工的组织情感承诺，可以降低员工的离职意愿。而艾伦等（Allen et al., 1999）、古佐等（Guzzo et al., 1994）、韦恩（Wayne et al., 1997）等人早就发现，组织支持感与员工的离职倾向具有相关关系。那么，员工的组织支持感和组织承诺，又会如何共同影响离职倾向呢？阿米利、艾森伯格、法索洛、林奇（Armeli，Eisenberger，Fasolo & Lynch，1998），艾森伯格等（Eisenberger et al.，1986）等人从组织支持理论分析认为，组织支持感会使员工产生自己是组织重要成员的身份认同感，从而满足其自尊、认同和归属感等社会性需要，进而提升组织情感承诺。这种情感满足的经验会进一步引导员工加强与组织的情感联系，导致其产生更高的组织成员合作意愿和组织身份认同感，进而降低员工的职业流动倾向和离职意愿。艾森伯格等（1986）研究发现，组织支持感高的员工更倾向于表达对组织强烈的归属感和忠诚度，他们会把组织的得失看成是自己的，组织支持感的提升能够提高员工对组织成员身份的认同，增加其留职意愿。

组织对员工支持的一个重要方面，就是为员工提供良好的工作环境。如果组织能够为员工提供理想的工作环境，员工就更能够感受到组织的支持，从而增加对组织的承诺与忠诚。艾森伯格、亨廷顿、哈奇森和索瓦（Eisenberger，Huntington，Hutchison & Sowa，1986）等人研究证实，员工的组织承诺与理想的工作环境正相关，与不理想的工作环境负相关。也就是说，不理想的工作环境会使员工对组织的承诺水平不断下降，甚至诱发员工的离职倾向，产生离职行为。Allen等人（2003）则进一步证实，组织支持感对员工离职倾向的影响，会通过组织承诺的中介作用来传导。组织中的工作环境对员工态度、情感和行为的影响，也可以用情感事件理论来解释。根据情感事件理论，韦格、范迪克、费雪、韦斯特和道森（Wegge，Van Dick，Fisher，West & Dawson，2006）研究发现，工作自主性、参与决策、拥有发言权等工作环境特征与员工的工作满意度密切相关，这些支持性的工作环境特征会使员工产生快乐、幸福、自豪等积极的情感反应。而费雪（Fisher，2002）证实，员工积极或消极的情感反应能够预测其情感承诺，后者再进一步对员工的助人行为、离职意愿等产生影响。因此，组织情境下的一些前因变量（如工作环境特征）会通过影响员工的情绪和情感反应，来进一步影响员工的态度（如离职倾向）、行为和工作绩效等。亚历山大、塔纳科迪和温迪（Alexander，Thanacoody & Wendy，2012）等人的研究发现，员工的组织支持感会对组织情感承诺产生积极影响,进而与其离职倾向负向相关。伊斯兰、汗布、艾哈迈德、艾莉亚、艾哈迈达和博拉德(Islama, Khanb, Ahmadc, Alia, Ahmeda & Bowrad, 2013)等人的研究也发现,组织支持感能够积极地影响员工的情感承诺和规范承诺,但负向影响员工离职倾向,而且情感承诺和规范承诺会在组织支持感和员工离职倾向之间起中介作用。基于上述分析,本研究提出以下假设。

H2a:中国企业员工的组织忠诚能够中介组织支持感与员工离职倾向之间的负向关系。

(二)主管忠诚在主管支持感与离职倾向之间的中介效用

根据情感事件理论,组织中的一些工作环境变量会通过对员工情绪和情感的影响,而影响员工对待组织的态度和行为。如韦格、范迪克、费雪、韦斯特和道森(Wegge, Van Dick, Fisher, West & Dawson, 2006)发现,员工工作的自主性、直接主管的支持等工作环境特征,容易使员工产生快乐、幸福、自豪等积极情感反应。而这种积极的情感反应,会使员工对组织产生积极的态度,增强留职意愿、降低离职意愿。从相反的侧面,费雪(Fisher, 2002)的研究发现,员工消极情感反应能够预测其情感承诺,而后者会进一步对员工的助人行为、离职意愿等产生影响。

基于社会交换理论,主管支持感和组织支持感一样,具有相似的心理机制。古尔德纳(Gouldner, 1960)证实,当员工感知到直接主管在关心和支持自己的时候,根据互惠原则员工也会对直接主管产生义务感和责任感,从而提升自己对直接主管的忠诚与承诺,进而努力促成直接主管目标的实现。员工与直接主管之间的这种交换关系,包括经济和心理两方面因素,特别是心理方面的因素会对员工产生更加深入和持久的影响。随着员工与直接主管之间交换次数的增加、交换内容的拓展和交换程度的加深,交换双方就会形成更加长期和稳定的社会交换关系。而且这种业已形成的关系,又会深刻影响双方随后的社会交换活动。因此,在组织内的社会交换关系中,当员工的直接主管以更加积极的态度来对待员工的时候,员工也会以更加积极的态度来回报自己的直接主管。直接主管对员工的高水平支持,会引发员工产生回报主管的责任感和义务感,从而提升员工对直接主管的承诺和忠诚水平,降低或消除其离开直接主管和组织的意愿。也就是说,员工的主管支持感会透过员工的主管忠诚来对员工的离职倾向产生影响。艾森伯格、斯廷格汉伯、范登伯格、苏加尔斯基和罗兹(Eisenberger, Stinglhamber, Vandenberghe, Sucharski & Rhoades, 2002)的实证研究证明,主管支持感是员工情感忠诚的一个重要预测指标。斯廷格汉伯和范登伯格(Stinglhamber & Vandenberghe, 2003)的研究也发现,员工的主管支持感会显著地影响其对直接主管的情感承诺。贝克尔(Becker, 1992)的研究表明,员工的主管承诺与员工离职意愿呈负相关关系。斯廷格汉伯和范登伯格(Stinglhamber & Vandenberghe, 2003)的研究更是发现,员工对主管的情感承诺会完全中介主管支持感与员工离职之间的关系。基于上述分析,本研究提出以下假设。

H2b:中国企业员工的主管忠诚能够中介主管支持感与员工离职倾向之间的负向关系。

三、转化边界假设

本研究中的转化边界效用,主要探讨主管组织地位在组织支持感与主管忠诚之间的调节效用、领导成员交换在组织支持感与主管忠诚之间的调节效用、主管自我感知的组织原型在主管支持感与组织忠诚之间的调节效用三个方面。

(一) 主管组织地位在组织支持感与主管忠诚之间的调节效用

根据"组织拟人化"思想和代理理论,组织意愿要转化为基层员工的实际行动,还有赖于组织基层代理人(如直接主管)的作用。员工通常会将组织代理人对自己提供的支持性或非支持性措施,当作评判组织是否重视其贡献和关心其福祉的具体表现,从而调整自己对待组织的情感与态度。而具有较高组织支持感的员工,除了会增加自己对组织的承诺与忠诚外,还可能会增加对组织代理人(特别是员工直接主管)的承诺与忠诚。因为组织与主管虽然是不同的参照主体，但有时组织的意愿会通过主管意愿的形式，再结合主管本身的意愿，一起由主管来向员工颁授。而且由于员工与直接主管的心理距离要比组织更近，员工有时难免就会把主管对组织的代理活动，也当作主管自身意愿的体现。这时，员工的组织支持感除了引发员工对组织的承诺与忠诚外，在一定条件下还会诱发员工对组织代理人（特别是员工直接主管）的承诺与忠诚。而这种组织支持感与主管忠诚之间交叉关系出现的强度，则可能与员工认为自己的直接主管在组织中的权力地位有关。

正是由于直接主管常常被下属成员看成组织或部门的代理人，在考察员工与组织的关系时，我们就不得不考虑直接主管地位的影响。直接主管可以通过多种途径来影响下属承诺的形成：首先，直接主管在组织中的非正式地位越高、人际关系网络越发达、资源控制能力越强，则其影响下属职业发展的权力就越大，下属成员对直接主管权力地位的感知就会越强烈，相应地员工对直接主管的承诺与忠诚也可能会更强烈。其次，阿伏里奥和加德纳（Avolio & Gardner，2005）的研究发现，直接主管作为一个个体，其价值观、态度和行为本身也会时时感染和影响下属成员。尤其在中国高权力距离文化下，直接主管的价值观、心理和行为对下属成员的相关影响，可能比组织还会更大。陈晓萍、徐淑英和樊景立（2002）的研究证实，在中国文化背景下，直接主管对下属成员的影响要比组织更大，中国员工对人（如直接主管）的忠诚，要比对制度的忠诚更加重要。因此，在高权力距离文化背景下，员工对直接主管的承诺与忠诚也会更强烈些。

而且，相对于正式权力地位，直接主管的非正式权力地位对员工的影响可能会更大、更深。一般来说，直接主管在组织中的非正式地位越高，则其下属成员越可能觉得该主管对组织的代理程度越高，因而其对员工产生的影响就会更大。而直接主管在代表组织给员工提供支持时，为了拉近下属成员与自己的距离，可能就会强调自己在为员工争取组织支持中的贡献，这也可能会引发员工从组织支持感到主管忠诚的转换。因此，员工感知到的主管组织地位会极大地影响员工组织支持感到主管忠诚之间的转换。基于上述分析，本研究提出以下假设。

H3a：中国企业员工的主管组织地位感知能够正向调节组织支持感与主管忠诚之间的关系。即，员工直接主管在组织中的非正式地位越高，员工的组织支持感就越能够正向影响员工的主管忠诚度。

（二）领导成员交换在组织支持感与主管忠诚之间的调节效用

依据领导成员交换理论，在较低水平的社会交换关系中（即主要是经济性交换关系），领导（如员工的直接主管）主要以工作说明书的内容来要求并考核下属，而下属则主要以完成规定的工作任务来回报领导。在较高水平交换关系中（即除了经济性交换还有更多的深层社会性交换），领导与成员的交换会超出工作说明书的范围，交换关系会向更高层次发展，双方之间的信任关系就会不断增强。这时，下属就愿意付出额外努力，来回报领导的信任与关心。在较高水平交换关系下，领导会向下属提供更多特权，如让下属接触更多关键信息，使其拥有更大的决策自主权等。而在领导成员交换水平较低的情况下，交换双方的互动主要以经济性交换为主，这时随组织支持感的增加，员工除了会增加对组织的忠诚外，也会显著地增加对组织代理人（即员工的直接主管）的忠诚。因为，员工这时还会将组织的支持部分地归因于组织代理人（即员工的直接主管）的功劳。而在领导成员交换水平较高时，员工与主管之间除了有经济利益的交换外，还有更深层次的社会互动与交换。在这种情况下，员工已经充分感知到直接主管个人的领导角色关系。这时如果组织再继续增加对员工支持的力度，员工就未必会提高对直接主管的忠诚了。因为，在高领导成员交换关系下，直接主管早已释放了其对员工的领导影响。在实证研究方面，Wayne等人（2002）建立了一个组织支持和LMX关系模型，证实组织支持和LMX会相互影响，最终决定员工的组织承诺、行为和绩效评定。斯廷格汉伯和范登伯格（2004）的研究则发现，领导成员交换会直接影响员工对主管的情感承诺。基于上述分析，本研究提出以下假设。

H3b：中国企业中的领导成员交换能够负向调节组织支持感与主管忠诚

之间的关系。即，LMX越低，组织支持越能正向影响主管忠诚。

(三) 主管自我感知的组织原型在主管支持感与组织忠诚之间的调节效用

尼彭伯格 (2012)，尼彭伯格、霍格 (2003) 研究发现，领导力的组织认同理论，已经被广泛应用于解释下属成员对领导的感知、员工激励、员工绩效和领导涌现等组织现象，这些解释主要基于下属作为群体成员的自我定义来展开。然而，这一理论视角还没有考虑到，领导者也应该感知到他们也是群体中的一员，也就是忽略了领导者在群体中的自我定义，而这肯定也会影响领导者的行为。社会认同分析提示领导者和员工，都要从他们的群体成员身份自我概念出发来分析领导效果。尼彭伯格 (2011) 指出，在领导社会认同分析中，一个核心变量就是群体原型 (Group Prototype)，它是指领导者代表群体的程度。霍格 (2001)、特纳等 (Turner et al., 1987) 主张，群体原型性 (Group Prototypicality) 可定义为类似于群体原型的程度，也就是与其他相关群体相比，如何定义群体特征的心理表征。吉斯纳等 (Giessner et al., 2009)，霍格、海因斯、梅森 (Hogg, Hains & Mason, 1998)，普拉多、尼彭伯格 (Platow & Knippenberg, 2001)，乌尔里希、克莱斯特和迪克 (Ullrich, Christ & Dick, 2009) 等研究显示，与非原型领导相比，群体原型领导能够得到更强的下属接受度，领导效果也会更好。也就是说，高群体原型领导能够更好地代表群体利益，因而能够获得群体成员的广泛认同。

不仅下属可以感知领导的群体原型，领导者本人对于他们与群体原型有多适用，也会有自己的感知。因为自我感知的原型性，代表了自我感知与群体原型的相似度。特纳等 (1987) 发现，原型领导往往会把自己看成群体的化身，在他们的自我定义中也就会更加显示出对群体利益的关心。也就是说，群体原型领导会比非群体原型领导更倾向于服务群体的利益。因此，主管的群体原型性越高，则主管在群体中就越具有典型性，也更加能够充当群体的化身。假若这样的主管还能够加大对员工的关心和支持力度，则员工除了会增加对主管的忠诚外，也会增加对群体的认同与忠诚。

在现实社会生活中，我们经常可以听到如下说法："一看到某某人，我们就觉得他是某某组织的员工（或领导）。"这也就有了"联想人""北大人""温州人""中国人"等说法。也就是，特定国别、城市或组织的成员，往往具有该主体成员的典型特性，或者说具有该主体的代表性、具有该主体成员的共同原型特征。因此，比照群体原型概念，我们认为还存在组织原型、城市原型和国别原型等概念。所谓领导的组织原型性，是指领导者代表组织的程度。也就是说，领导者类似于组织原型的程度，或者说，与其他组织相比要如何定义组织的心理表征。每个组织成员的心中都有自己的组织原型，而组织成员相处的时间越久、交往的程度越深，则他们就越容易产生共享的组织原型。类似于群体原型领导，我们也认为组织原型性领导与非组织原型性领导相比，更能代表和维护组织的利益，并能够获得下属成员的广泛认同，从而能够对下属成员进行更加有效的领导。领导者自我感知的组织原型性，代表了领导者自我感知与组织原型的相似程度。高组织原型性领导往往会把自己看成组织的化身。相对于非组织原型性领导，在高组织原型性领导的自我定义中，会更加体现组织整体利益。因此，对于本研究来说，主管感知的组织原型性越高，则主管在组织中越具有典型性、代表性，就更加能够充当组织的化身、维护组织整体利益。假若这样的主管还能够继续加大对员工的关心和支持力度，则员工除了会增加对主管的忠诚外，还会增加对组织的认同与忠诚，进而触发从主管支持感到组织忠诚的参照体转换。基于上述分析，本研究提出以下假设。

H3c：中国企业主管自我感知的组织原型能够正向调节主管支持感与组织忠诚之间的关系。即，主管自我感知的组织原型越高，主管支持感越能正向影响组织忠诚。

四、有调节的中介效用假设

本研究中有调节的中介效用，主要探讨主管忠诚中介组织支持感与离职倾向的关系，受到主管组织地位和LMX的调节；组织忠诚中介主管支持感与离职倾向的关系，受到主管组织原型的调节等方面的情况。

（一）主管忠诚中介组织支持感与离职倾向的关系，受到主管组织地位和 LMX 的调节

首先，组织支持感对员工离职倾向的直接效用已经获得了学者们的证实。克罗潘扎诺（Cropanzano，1997），韦恩（Wayne，2003）证实，员工的组织支持感与其离职倾向负相关。爱德华兹（Edwards，2009）也发现，组织支持感会向员工传递组织尊重员工的信息，促进员工的组织认同，从而降低其离职倾向。其次，相对于组织来说，员工会更贴近于自己的直接主管，而直接主管又充当了一定层级组织代理人的角色，因此员工有了组织支持感之后，也会将其部分地归因于主管的代理功劳，从而引发员工增加对主管的承诺与忠诚，降低员工的离职倾向。再次，员工感知的主管组织地位越高，员工会觉得主管与组织的融合程度越高。这时的主管就能够更好地充当组织代理人角色，对下属成员进行有效领导；同时，这样的主管也更加能够将其所属群体成员的利益诉求，反映到组织层面，转化为组织意志。因此，员工感知主管组织地位高时，高的组织支持感除了增强员工的组织承诺与忠诚外，还会引发员工提高对直接主管的承诺与忠诚，进而降低员工离职意愿。因为，这时员工更会将组织对自己的支持，归因为直接主管将本群体成员的意愿转化成了组织意愿，从而群体成员会增加对直接主管的认同、承诺与忠诚。此外，在领导成员交换水平较低时，员工与直接主管之间的互动关系主要以经济性交换为主，这时若增加对员工的组织支持，员工除了增加对组织的忠诚外，也会增加对作为组织代理人的直接主管的忠诚，从而进一步降低员工的离职意愿。反之，当主管与员工交换水平较高时，员工与主管之间除了经济利益交换外，还有更深层次的社会性交换。作为组织代理人的主管，已经充分释放了其作为领导者的个人影响。这时，即使再增加对员工的组织支持力度，员工也未必会提高对直接主管的承诺与忠诚。这时，组织支持感透过主管忠诚对员工离职倾向的影响，会更加不明显。基于上述分析，本研究提出以下假设。

H4a：中国企业员工的主管忠诚中介组织支持感与离职倾向的关系，受到主管组织地位的正向调节。即主管组织地位越高，则主管忠诚越能中介组织支持感与离职倾向的关系。

H4b：中国企业员工的主管忠诚中介组织支持感与离职倾向的关系，受到 LMX 的负向调节。即 LMX 越低，主管忠诚越能中介组织支持感与离职倾向的关系。

（二）组织忠诚中介主管支持感与离职倾向的关系，受到主管组织原型的调节

首先，现有研究证实，通过提升主管对员工的支持力度，能够降低员工的离职倾向。主管通过给下属更多的自主权、控制权和参与决策机会，能够激发员工工作的内在动机，提升员工的留职意愿。林奇、普兰特和瑞安（Lynch, Plant & Ryan, 2005）研究发现，那些更多地感知到主管自主性支持的员工，在工作时会表现出更多的内在动机，能够提升员工对待工作和组织的态度、行为和结果，降低员工离职意愿。而因为直接主管充当了一定层级的组织代理人角色，员工感知到直接主管的支持后，也会部分地归因为组织的功劳，从而引发员工对组织的忠诚。而一般来说，组织原型高的主管能够更好地充当组织代理人角色，员工对高组织原型性主管支持的感知，能够更大程度地触发员工将主管的支持，归因为组织的功劳，从而增加员工对组织的承诺与忠诚，进而降低离职意愿。反之，低组织原型领导对组织代理程度更低，因而员工对主管支持的感知，就会更多地归因于主管个人的功劳，而非组织。基于上述分析，本研究提出以下假设。

H4c：中国企业员工的组织忠诚中介主管支持感与员工离职倾向的关系，受到主管组织原型的正向调节。即主管组织原型越高，则组织忠诚越能中介主管支持感与离职倾向的关系。

五、效应比较假设

本研究中的效应比较，主要比较主管支持感对离职倾向的影响与组织支持感对离职倾向的影响，及主管忠诚中介组织支持感（或主管支持感）与离职倾向的效用，要大于组织忠诚中介组织支持感（或主管支持感）与离职倾向的效用等问题。

(一) 比较主管支持感对离职倾向的影响与组织支持感对离职倾向的影响

组织和主管是两个密切相关的主体。组织制定的人力资源政策，如招聘、培训、绩效考核、晋升提拔、薪酬福利等，都需要由主管来落到实处。而员工对组织的意见、建议与期待，往往需要主管来收集，并反映到组织层面。虽然在与员工交往中，组织和主管是密切相关的，但员工对两者作用关系的体验却会有所不同。格雷勒（Greller，2004）研究发现，由于员工在日常工作中往往要与主管频繁地交往，因此员工在工作信息获取方面，会更依赖于主管而非组织，而梅尔茨等（Maertz et al.，2007）的研究则发现，员工的主管支持感也会比组织支持感更为明显。尤其在权力距离较大的华人组织中，直接主管相对于组织会更加接近于员工，因而主管比组织对员工的影响更大（陈振雄等，2002）。加之，在讲求人情关系的中国社会，忠于人有时甚至比忠于制度（组织）还更重要。西尔金（Silin，1976），雷丁（Redding，1990），郑、樊、常、徐（Cheng, Farh, Chang & Hsu，2002）研究发现，中国的主管通常拥有根据下属成员对自己的忠诚程度，来评价下属绩效、做出晋升决策和分配挑战性工作任务的权力。郑（Cheng，1995）认为，中国主管也经常会以忠诚为效标，将下属成员区分为"圈内人"和"圈外人"。而对属于不同圈层的下属成员，直接主管往往会给予不同的区别对待。基于上述分析，我们认为在对员工的作用效果方面，主管要大于组织。同理，在员工离职倾向影响方面，我们也推论主管支持感的影响可能会大于组织支持感的影响。基于上述分析，本研究提出以下假设。

H5a：中国企业员工的主管支持感对员工离职倾向的影响要大于组织支持感对员工离职倾向的影响。

(二) 主管忠诚中介组织支持感（或主管支持感）与离职倾向的效用，要大于组织忠诚中介组织支持感（或主管支持感）与离职倾向的效用

根据情感事件理论，组织和主管营造的工作环境变量，会通过工作事件的形式，对员工的情绪和情感产生影响，进而影响员工的态度和行为。如威格、迪克、费雪、韦斯特和道森（Wegge，Dick，Fisher，West & Dawson，2006）等人的研究发现，组织和主管为员工提供更多的工作自主性、更多的组织和主管支持等，这些积极的工作事件营造的工作环境特征，就能够使员工产生快乐、幸福、自豪等积极的情感反应，增加员工对组织和主管的承诺与忠诚，进而会使员工对组织和主管产生更加积极的工作态度，增强员工的留职意愿，降低离职意愿。而根据社会交换理论，组织和主管支持感具有相似的心理机制。当员工感知到组织和主管在关心和支持自己时，根据互惠原则员工就会对组织和主管产生义务感和责任感，进而提升自己对组织和主管的忠诚与承诺，增加留职意愿、降低离职意愿。如李锐，凌文辁（2010）研究发现，员工的主管支持感对其组织承诺和工作投入均产生显著正向影响，进而降低员工的离职意向。又由于员工每天都频繁地与自己的直接主管打交道，领受任务、汇报工作、交流思想，因此主管比组织要更加接近员工，对员工的影响也会更大，所以员工承诺的对象也更倾向于离自己更近的直接主管，而非离自己较远的组织。进而我们推论，在对员工离职倾向影响方面，即使发生了从组织支持感到主管忠诚或从主管支持感到组织忠诚的参照体转换，主管忠诚的中介效用也会大于组织忠诚的中介效用。基于上述分析，本研究提出以下假设。

H5b：主管忠诚中介组织支持感与离职倾向的效用，要大于组织忠诚中介组织支持感与离职倾向的效用；

H5c：主管忠诚中介主管支持感与离职倾向的效用，要大于组织忠诚中介主管支持感与离职倾向的效用。

第二节 研究模型

根据上述假设推论，本研究构建了以下研究模型。本研究包括两个分析层次，第一层次包含员工层面的变量，第二层次包含主管层面的变量。其中，第二层次变量主管组织地位由团队成员回答后，采用聚合法（Aggregation）发展而来。

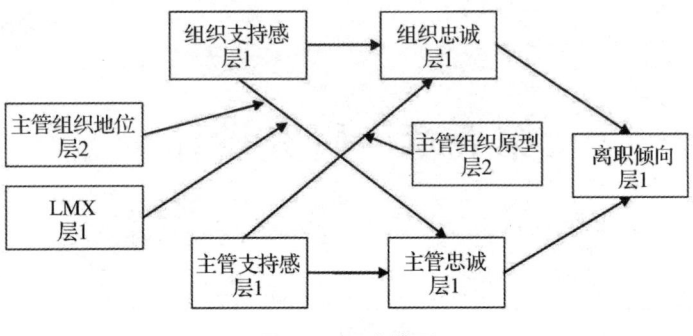

图 4-1　研究模型

第五章 研究设计

本研究设计主要包括研究程序的设定、调查问卷的选取、研究样本的选择、统计方法与分析工具的选定等。

第一节 研究程序

在研究程序方面,本研究首先进行相关理论和文献的回顾,推演出相关研究假设、构建相关研究模型,然后应用西方及香港相关著名学者开发的成熟问卷实施相关调查,收集数据后进行整理,再应用相关统计软件进行数据分析与处理,从而对假设进行相关验证,最后进行相关分析、讨论与展望。本研究在选定的调查单位内部,根据便利取样原则,选择具有稳定上下级关系的主管和员工作为被试。因被调查企业地处方圆十公里的山区且涉及多个产业,该公司目前设有四大分公司、八个子公司。所以,本研究将公司总部机关、四大分公司和两个子公司设定为调查的具体单位,每个具体单位调查50名员工,同时对应调查了78名直接主管。在进行调查前,我们取得了该公司领导和员工的允许和支持,为本研究的数据收集工作提供了便利。

作者在问卷发放之前先对其进行了编号,对于抽取的同一主管及其被抽的几名下属,实行对用编号的办法。如抽取的第一个直接主管的问卷编号为HP001,若同时随机调查了该直接主管的三名下属,则这三位员工填写的问卷编号分别为HP001①、HP001②和HP001③,依此进行了其他问卷的编号。直接主管和员工问卷都分别由指导语、题项与填答区、致谢等组成（具体问卷见文后附件）。在指导语中，我们特别强了调问卷调查只要能反映填答者的个人感受就行，答案没有"对"和"错"之分。组织中的任何人，都不会看到填答者所填的答案。问卷收集后会，研究者会使用电脑来做整体分析，而不会针对每份问卷做个别处理。也就是说，研究结果完全不会反映填答者个人的真实情况，只是反映所有填答者的整体情况。这些指导语有利于打消问卷填答者的思想顾虑，鼓励其尽量反映出其个人的真实感受。

我们对于调查问卷的发放，采用了员工与主管配对的方式来进行，但一个直接主管最多对应3至5名下属员工。问卷发放时，直接主管与下属成员是分开进行的，他们互不相知。本研究发放的调查问卷，一律采用纸质版。为了让被调查者可以在工作之余填写，我们规定在问卷发放后的第2天或第3天按时收回。调查问卷回收后，我们先剔除了那些基础信息不全以及题项答案填写不全的问卷，再查看直接主管和员工填答的问卷具体内容，若填答数据出现循环或者同一份问卷填答同一数值，则视该问卷填答无效，予以剔除。而对于有效问卷中的相关数据，我们分别采用SPSS19.0和HLM6.0进行相关统计分析。

第二节 问卷选取

本研究在相关文献回顾的基础上，根据研究目的挑选出比较成熟且信效度比较高的相关调查问卷。若某变量调查问卷有相关的中文翻译版，则我们就请3位人力资源管理博士再次核对其英文起源问卷，并共同修改，达成一致。而对于首次翻译的问卷，我们也请3位人力资源管理博士进行翻译、比对与讨论，最后取得共识。问卷的具体选取如下：

本研究中，员工的组织支持感调查采用艾森伯格、卡明斯、阿米利和林奇（Eisenberger, Cummings, Armeli & Lynch, 1997）共同开发并应用，而后经樊、哈克特和梁（Farh, Hackett & Liang, 2007）修改的问卷。它是一份由8个条目组成的短式问卷，主要询问员工对组织是否重视其价值、关心其福祉、在意其意见、原谅其过错、帮助其进步等的切身感受。经本研究进一步检验，该问卷的Cronbach'α系数为0.92。

本研究中，员工的主管支持感调查采用格林豪斯、帕拉斯拉曼和沃姆利（Greenhaus, Parasuraman & Wormley, 1990）开发并使用过的问卷，共9个条目。问卷主要询问员工对其直接主管是否了解其职业期望、提供职业发展信息、提供有益反馈和绩效改进建议、分派特殊任务、帮助获得额外培训、发展和巩固新技能、给予相关荣誉等的个人心理感知。经本研究进一步检验，该问卷的Cronbach'α系数为0.96。

本研究中，员工的主管忠诚度调查采用陈晓萍、徐淑英和樊景立（2002）开发的问卷，共17个条目。问卷主要询问员工是否会捍卫主管利益、服从主管安排、继续充当主管部下、接受主管价值观、与主管共荣辱等，测量员工的个人主观感受。经本研究进一步检验，该问卷的Cronbach'α系数为0.95。

本研究中，员工的组织忠诚度调查采用艾伦和迈耶（Allen & Meyer, 1990）组织承诺问卷中的情感承诺部分，共6个条目。问卷主要问员工是否以组织为骄傲、对组织是否有归属感，以及组织在员工心目中是否有价值等。经本研究进一步检验，该问卷的Cronbach'α系数为0.95。

本研究中，员工的离职倾向调查采用陈振雄和弗朗西斯科（Chen & Francesco, 2010）开发的离职倾向调查问卷。主要询问员工是否想离开现在的组织、放弃现在的工作，还是为了未来的发展而选择继续留在现有组织中。经本研究进一步检验，该问卷的Cronbach'α系数为0.78。

本研究中，员工感知的领导成员交换关系调查采用韦恩、肖尔和利登（Wayne, Shore & Liden, 1997）开发的问卷。主要询问员工对与主管工作关系是否有效、主管是否了解员工的困难和需求所在、主管是否会竭尽全力来帮助员工摆脱困境和捍卫员工的切身利益等的感受。经本研究进一步检验，该问卷的Cronbach'α系数为0.86。

本研究中，员工感知的主管组织地位感知调查采用艾森伯格、斯廷格汉伯、范登伯格、苏加尔斯基和罗兹（Eisenberger, Stinglhamber, Vandenberghe, Sucharski & Rhoades, 2002）开发的问卷。主要询问员工对直接主管在组织中地位的感知，如组织是否尊重主管、是否给主管做出重大决策的机会、是否给主管尝试新事物的权力、主管能否影响员工的收入、主管能否为员工提供技术知识等。经本研究进一步检验，该问卷的 Cronbach'α 系数为 0.91。

本研究中，主管感知的组织原型调查采用吉斯纳、克彭伯格、金克尔和斯利博斯（Giessner, Knippenberg, Ginkel & Sleebos, 2013）开发的问卷中的领导（本研究中为直接主管）填答部分，将该问卷各条目中的"群体"替换成"组织"，共6个条目。问卷主要询问直接主管对自己作为组织原型代表性的感知，包括在直接主管身上是否体现了组织的特征、直接主管与组织成员有多相似、直接主管是否体现了组织的基本规范等。经本研究进一步检验，该问卷的 Cronbach'α 系数为 0.89。

为了避免问卷填答者出现趋中趋势，提升问卷填答的有效性，本研究的所有问卷均采用6点计分法。其中，1 代表"非常不同意"、2 代表"不同意"、3 代表"有点不同意"、4 代表"有点同意"、5 代表"同意"、6 代表"非常同意"。组织支持感、主管支持感、组织忠诚、主管忠诚、主管组织地位和领导成员交换关系等问卷，均由员工根据个人感知来填答；主管的组织原型问卷则由直接主管根据自身感知来填答。

第三节　样本选择

本研究采用配对问卷调查方式，分别设计了员工卷和主管卷。调查单位为新疆维吾尔自治区乌鲁木齐市的一家国有独资工业企业，主要涉及电石生产、火力发电、煤炭开采、变压器制造、石灰石开采与石灰制造等。该企业于1958年由开国上将王震将军带领兵团将士创建，地处交通不很便利的山区。该公司现有职工3200多人,其中不少是第二代乃至第三代扎根山区的子弟兵后代。近年来随着我国经济的整体下行,特别是房地产行业进入调整期,该公司主导产品电石、煤炭等价格不断下降。加之公司的生产基地地处亚洲一号冰川和乌鲁木齐河水源保护地,公司面临战略重组、异地再造等紧迫任务。因此,一方面公司人员对公司乃至直接主管依依不舍,怀有深厚情感,另一方面许多员工也为公司前途担忧,萌生了离职念头。公司员工的这种状态,正好比较切合本论题的研究。本次调查在选定单位共发放主管问卷83份、员工问卷350份;共回收主管问卷72份、员工问卷316份,回收率分别为86.7%和90.3%;回收的有效主管问卷67份、员工问卷306份,有效问卷比率分别为80.7%和87.4%。有效样本的人口统计学背景资料如表5-1所示。

表5-1 员工的人口学背景资料

人口学变量	类别	百分比(%)	均数	标准差
性别	男	57.58	1.43	0.54
	女	42.42		
年龄	30岁以下	14.14	2.49	0.82
	30~40岁	28.62		
	41~50岁	51.18		
	51岁及以上	5.76		
学历	专科以下	68.01	1.40	0.66
	专科	24.58		
	本科	6.73		
	硕士及以上	0.68		
岗位类别	基层员工	87.21	1.15	0.45
	基层管理人员	10.77		
	中层管理人员	2.02		
	高层管理人员	0.00		
职位任期			11.47	9.06
与主管共事年限			7.39	6.94

从被调查员工的人口统计学背景资料分析,我们可以发现,被调查员工

以男性为主，年龄多在40岁以上，30岁以上的则占到了85%以上。被调查员工的性别与年龄结构，反映了被调查企业在这两方面的分布状况。由于地处山区、交通不便，再加上近年来企业转型不够顺利、发展遭遇瓶颈等，使年轻人才流失较多。留下的多是兵团将士的二代乃至三代人员。统计分析显示，被调查员工的学历层次多在专科及以下，占受调查者的92%以上，基层员工占87%以上。这也符合被调查企业的实际现状，因为被调查企业就是一家以采掘煤炭和石灰石、生产石灰和电石的低端劳动密集型工业企业，基层一线生产对员工的文化水平要求并不高。从统计结果我们还发现，被调查员工的职位任期一般在10年以上，有的达到20年以上，而被调查员工与主管共事的时间一般在7年左右。这也反映了员工任职企业年限一般大于员工与主管共事年限的事实。总体来看，被调查员工的人口统计学背景，完全反映了企业员工队伍实际状况。

表5-2 主管的人口学背景资料

人口学变量	类别	百分比（%）	均数	标准差
性别	男	80.60	1.19	0.40
	女	19.40		
年龄	30岁以下	2.30	2.84	0.71
	30~40岁	25.37		
	41~50岁	56.72		
	51岁及以上	14.93		
学历	专科以下	55.22	1.55	0.68
	专科	34.33		
	本科	10.45		
	硕士及以上	0.00		
岗位类别	基层管理人员	79.11	1.24	0.46
	中层管理人员	20.90		
	高层管理人员	0.00		
组织任期			12.72	8.55
职位任期			5.63	5.42
管理幅度			27.46	38.36

从被调查主管的人口统计学背景资料分析，我们可以发现，被调查主管也以男性为主，占被调查者的80%以上；被调查主管的年龄多在40岁以

上，30岁以上的则占到了97%以上。被调查主管的性别与年龄结构，也反映了被调查企业主管在这两方面的分布状况。被调查企业是一家地处山区、交通闭塞，主要由兵团将士及其后代创建并传承下来的国有企业。该企业对主管的选聘多从内部产生，绝少有外部招聘。近些年，随着年轻人才的流失，主管队伍的平均年龄也在加大。统计分析还显示，被调查员工的学历层次多在专科及以下，占受调查者的89%以上，基层主管占79%以上。这也符合被调查企业属于低端劳动密集型行业的性质，该行业对中层和基层管理者文化水平的要求也不高。从统计结果我们还发现，被调查主管的组织任期一般在12年以上，有的达到20年以上，而被调查主管的职位任期多在5年左右，长的可达10年。这也说明，被调查主管的组织任期要远长于员工与主管的共事时间。这也反映了员工任职企业年限一般大于员工与主管共事年限的事实。总体来看，被调查员工的人口统计学背景，完全反映了企业员工队伍的实际状况。在该企业中，被调查主管的管理幅度一般在27人以上，有的达到65人以上。这主要因为该企业一线的炉长、值长、班长和车间主任分别拥有差别较大的不同管理幅度。总体来看，被调查主管的人口统计学背景，完全反映了企业主管队伍的实际状况。

第四节　分析技术

本研究中直接上级组织地位由团队成员回答，采用聚合法；调查数据采用SPSS19.0进行相关变量层级回归分析；主管组织地位和主管组织原型采用HLM6.0对相关假设进行检验。

一、直接上级组织地位的ICC（1）、ICC（2）和rwg

在本研究中，直接上级组织地位由团队成员回答，采用聚合法（Aggregation）发展而来。为考察直接上级组织地位是否可以由个体成员回答聚合而来，本研究对直接上级组织地位的组内一致性（rwg）、组内相关

（1）和组内相关（2）进行了统计分析。科兹洛夫斯基和哈特鲁普（Kozlowski & Hattrup，1992）认为，rwg 反映了相同团队成员对概念反应程度的相似性，如果大于等于 0.70，则表明个体回答可以聚合为团队水平（陈晓萍、徐淑英、樊景立，2012）。詹姆斯（James，1982）认为，ICC（1）反映了变量的组间变异情况，如果大于等于 0.12，则表明个体回答可以聚合为团队水平。ICC（2）反映了将个体层次变量聚合成群体层次变量时，此变量的可靠度，如果大于等于 0.70，则表明团队成员的平均数可以很好地代表团队层次的变量（陈晓萍、徐淑英、樊景立，2012）。统计分析结果显示，在本研究中，直接上级组织地位的 rwg 的平均值为 0.89、ICC（1）为 0.29、ICC（2）为 0.96，均远高于各自的临界标准。因此，在本研究中直接上级的组织地位可以由团队成员的个别回答聚合而来。

二、分析工具

本研究采用 SPSS19.0 进行相关变量的层级回归分析（Hierarchical Regression Analysis）。由于主管组织地位和主管组织原型为第二层次变量，故采用 HLM6.0 对相关假设进行检验。

第六章 研究结果

本研究通过问卷信效度检验、共同方法偏差检验和兴趣变量间区分度检验等,证明了问卷选择与数据收集有效、可靠。然后,再通过数据分析进行假设检验。

第一节 各个问卷的内部一致性系数

在现有实证研究中,Cronbach'α 系数是应用最为广泛的信度检验指标,该系数值介于 0 和 1 之间,该值越大就表明信度越高。农纳利(Nunnally,1978)认为,Cronbach'α 系数小于 0.7 的量表是问题较多的,要考虑重新加以设计;若该系数大于 0.7 而小于 0.9,则这样的量表是可以接受的;而当该系数大于 0.9 时,量表的内部信度就很高了,完全可接受。经相关统计分析,本研究涉及的 8 份量表的 Cronbach'α 系数均在 0.78 至 0.96 之间,具体为组织支持感 0.92、主管支持感 0.96、主管忠诚度 0.95、组织忠诚度 0.95、离职倾向 0.78、领导成员交换 0.86、主管组织地位 0.91、主管组织原型 0.89,因此本研究采用的问卷信度系数大都较高,只有离职倾向问卷信度系数稍低,但可以接受。

第二节 数据分析

通过共同方法偏差检验,可得各个变量间并不存在严重的共同方法偏差；在进行兴趣变量间区分度检验，证明组织支持感、主管支持感、主管忠诚度、组织忠诚度、领导成员交换、离职倾向确实代表了六个不同概念。

一、共同方法偏差检验

为检验研究变量之间的共变是否会受到共同方法偏差的潜在影响，根据波达克夫、麦肯齐和李（Podsakoff，MacKenzie，Podsakoff & Lee，2003）等人的主张，本研究采取哈曼（Harman）单因素检验和不可测量潜在方法因子效应控制，对共同方法偏差进行检验。

（一）Harman 单因素检验

这种方法的基本假设是，如果方法变异大量存在，进行因素分析时，要么析出单独一个因子，要么变量的大部分变异被一个公因方法因子代表。用Mplus7.0 所进行的 CFA 结果表明，当测量组织支持感、组织忠诚度、主管支持感、主管忠诚度、领导成员交换和离职倾向的所有条目符合在一个公共方法因子时，模型的拟合指数不佳（$\chi^2=5203.13, df=1224, p<0.001$；CFI=0.59；TLI=0.57；RMSEA=0.11；SRMR=0.09）。

（二）不可测量潜在方法因子效应控制

由于测量不同概念的所有项目被一个公因子代表，一般不太可能，除非存在非常严重的共同方法偏差。因此，本研究还采用了不可测量潜在方法因子效应控制（Controlling for Effects of an Unmeasured Latent Methods Factor）这种方法对共同方法偏差进行检验。这种方法既允许项目负荷在它们各自理论维度上，也允许项目负荷在一个潜在公共方法变异因子上。如果有公共方法变异因子的模型的各项拟合指数明显要好于没有公共方法变异因子的模型，那么各变量之间存在严重的共同方法偏差。CFA 结果表明，当测量组织支持感、组织忠诚度、主管支持感、主管忠诚度、领导成员交换和离职倾向的条目负荷在各自理论维度上时，六模型的拟合指数为：$\chi^2=3276.10, df=1209, p<0.001$；CFI=0.90；TLI=0.88；RMSEA=0.08；SRMR=0.07。当在六因素模型基础上增加一个公共方法因子变成七因素模

型之后，模型拟合指数为：$\chi^2=2821.022$，$df=1159$，$p<0.001$；CFI=0.92；TLI=0.90；RMSEA=0.07；SRMR=0.08。由上述结果可以看出，当在六因素模型中加入一个公共方法变异因子变成七因素模型之后，RMSEA、CFI、TLI 并未得到大程度改善（变化值居于 0.01～0.02 之间）（谢宝国、龙立荣，2008），而且 SRMR 还下降了。因此，可以判定在本研究中，各个变量间并未存在严重的共同方法偏差。

二、兴趣变量间区分度检验

采用 Mplus7.0 进行一系列验证性因素分析检验以考察组织支持感、主管支持感、主管忠诚度、组织忠诚度、领导成员交换和离职倾向等六个概念之间的独立性。检验结果见表 6-1。

表 6-1 兴趣变量之间的概念区分度检验

模型	χ^2	df	TLI	CFI	RMSEA	SRMR
六因素模型[a]	3276.10	1209	0.88	0.89	0.08	0.07
五因素模型[b]	3596.81	1214	0.84	0.85	0.08	0.08
五因素模型[c]	3772.22	1214	0.82	0.84	0.09	0.08
四因素模型[d]	4376.19	1218	0.76	0.77	0.10	0.09
三因素模型[e]	4539.51	1221	0.74	0.76	0.10	0.09
三因素模型[f]	4613.06	1221	0.73	0.75	0.10	0.09
单因素模型[g]	5203.13	1224	0.57	0.59	0.11	0.09

注释：a＝组织支持感；主管支持感；主管忠诚度；组织忠诚度；领导成员交换；离职倾向。b＝组织支持感＋主管支持感；组织忠诚度；主管忠诚度；领导成员交换；离职倾向；c＝组织支持感；主管支持感；组织忠诚度＋主管忠诚度；领导成员交换；离职倾向。d＝组织支持感＋主管支持感；主管忠诚度＋组织忠诚度；领导成员交换；离职倾向。e＝组织支持感＋主管支持感＋离职倾向；主管忠诚度＋组织忠诚度；领导成员交换。f＝组织支持感＋主管支持感；主管忠诚度＋组织忠诚度＋离职倾向；领导成员交换。g＝组织支持感＋主管支持感＋主管忠诚度＋组织忠诚度＋领导成员交换＋离职倾向。

系列验证性因素分析结果表明，理论假设的六因素模型拟合实际数据最佳 $[\chi^2(1209)=3276.10$，TLI=0.88，CFI=0.89，RMSEA=0.08，SRMR=0.07]，这说明组织支持感、主管支持感、主管忠诚度、组织忠诚度、领导成员交换、离职倾向确实代表了六个不同概念。

第三节 假设检验结果

本研究将变量分为两个层面,第一层面包括组织支持感、主管支持感、组织忠诚、主管忠诚、领导成员交换和离职倾向六个变量;第二层面包括主管组织地位和主管组织原型两个变量。在对所有变量进行描述性统计分析后,即进行了相关假设检验。

一、描述统计分析结果

表6-2 相关矩阵

层1变量	平均数	标准差	1	2	3	4	5
1 主管支持感	3.92	1.14					
2 主管忠诚	4.27	0.84	0.72**				
3 组织支持感	3.83	1.10	0.78**	0.61**			
4 组织忠诚	4.06	1.16	0.60**	0.69**	0.67**		*
5 领导成员交换	4.19	0.85	0.68**	0.73**	0.53**	0.56**	
6 离职倾向	3.17	1.045	−0.41**	−0.47**	−0.44**	−0.60**	−.039**
层2变量							
1 主管组织地位	4.31	0.64					
2 主管组织原型	4.25	0.83	0.12				

注释:层1的样本量为306,层2的样本量为67;** 表示 $p<0.01$。

从表6-2可以看出,第一层面的组织支持感、主管支持感、组织忠诚、主管忠诚、领导成员交换和离职倾向这六个变量之间,都两两之间显著相关,并且其他五个变量都与离职倾向呈显著负相关。第二层面的主管组织地位和主管组织原型两者之间相关不显著,这也说明上述两个变量属于两个不同的概念。

二、假设检验结果

假设检验是推论统计中用于检验统计假设的一种方法。统计假设是通过观察一组随机变量的模型进行检验的科学假说。本研究分别对直接效应假设、中介效应假设、转向效用假设和有调节的中介效用假设等，进行相关检验；最后还进行了效应比较假设检验，所有检验均遵守实证研究规范，假设检验结果如下。

（一）直接效应假设

H1a 和 H1b 分别假设组织支持感、主管支持感正向影响员工的离职倾向。采用 SPSS19.0 进行层级回归分析（Hierarchical Regression Analysis）对上述假设进行分析检验。具体结果见表 6-3。

表 6-3 组织支持感、主管支持感对员工离职倾向的直接影响

	模型 1	模型 2	模型 3
控制变量			
性别	−0.01	−0.05	−0.03
年龄	−0.19*	−0.17*	−0.15*
学历	0.10	−0.07	−0.09
岗位	−0.07	−0.03	−0.02
组织任期	0.09	0.05	0.05
自变量			
组织支持感		−0.43**	
主管支持感			−0.40**
R^2	0.05*	0.23**	0.20**
ΔR^2		0.18**	0.15**

注释：a. 样本量为 306；b. 表中系数为标准化回归系数；c. ** 表示 $p<0.01$，* 表示 $p<0.05$。

由表 6-3 中的模型 2 看出，控制了人口统计学变量，组织支持感可以显著负向预测员工离职倾向（$\beta=-0.43$，$p<0.01$）；由模型 3 可以看出，控制了人口统计学变量之后，主管支持感可以显著负向预测员工离职倾向（$\beta=-0.40$，$p<0.01$）。因此，H1a、H1b 得到完全了验证。

（二）中介效应假设

H2a 假设组织忠诚度中介组织支持感与员工离职倾向之间的负向关系。H2b 假设主管忠诚度中介主管支持感与员工离职倾向之间的负向关系。采用巴伦和肯尼（Baron & Kenny, 1986）所推荐的中介效应检验程序对上述

假设进行检验。具体过程如下：（1）自变量与因变量存在显著关系；（2）自变量与中介变量存在显著关系；（3）中介变量与因变量存在显著关系；（4）当自变量和中介变量一起加入方程后，中介变量对因变量的影响仍然显著，但是自变量对因变量的影响显著下降。如果自变量对因变量的影响由显著变得不显著，那么中介作用为完全中介；如果自变量对因变量影响的显著性水平显著下降，那么中介作用为部分中介。组织支持感通过组织忠诚度显著影响员工离职倾向（H2a）、主管支持感通过主管忠诚度显著影响员工离职倾向（H2b）的检验结果，具体见表6-4。

表6-4 组织支持感对员工离职倾向的影响：以组织忠诚度为中介

变量	组织忠诚	离职倾向	
	模型2	模型1	模型3
控制变量			
性别	0.02	0.00	−0.04
年龄	−0.04	−0.12*	−0.18*
学历	−0.04	−0.12*	−0.10
岗位	0.07	−0.01	−0.00
组织任期	−0.01	0.04	0.03
自变量			
组织支持感		−0.43**	0.03
中介变量			
组织忠诚	0.68**		−0.57**
R^2	0.47**	0.22**	0.40**
ΔR^2	0.45**	0.18**	

注释：a. 样本量为306；b. 表中系数为标准化回归系数；c. ** 表示 $p<0.01$，* 表示 $p<0.05$。

由表6-4中的模型1、模型2、模型3可以看出，当组织忠诚度加入方程后，组织支持感对员工离职倾向的影响显著性下降，标准化回归系数由−0.43（$p<0.01$）变为0.03（$p>0.05$），而组织支持感可以显著预测组织忠诚（$\beta=-0.57$，$p<0.01$）。根据巴伦和肯尼（Baron & Kenny，1986）中介效应检验程序，在本研究中，组织忠诚度完全中介组织支持感与员工离职倾向之间的负向关系。因此，H2a得到了完全验证。依托菲吉和麦金农（Tofighi & MacKinnon，2011）方法，运用RMediation检验程序表明，组

织忠诚度的中介效应 95% 置信区间为 [−0.28, −0.47]，置信区间没有包含 0。因此，H2a 得到进一步确认。

表 6-5 主管支持感对员工离职倾向的影响：以主管忠诚度为中介

变量	主管忠诚 模型 2	离职倾向 模型 1	离职倾向 模型 3
控制变量			
性别	0.05	−0.03	−0.01
年龄	0.03	−0.15*	−0.15*
学历	−0.06	−0.09	−0.11
岗位	0.05	−0.02	−0.01
组织任期	−0.02	0.05	0.04
自变量			
主管支持感		−0.40**	−0.19*
中介变量			
主管忠诚	0.73**		−0.30**
R^2	0.54**	0.20**	0.25**
ΔR^2	0.51**	0.15**	

注释：a. 样本量为 306；b. 表中系数为标准化回归系数；c. ** 表示 $p<0.01$，* 表示 $p<0.05$。

由表 6-5 中的模型 1、模型 2、模型 3 可以看出，当主管忠诚度加入方程后，主管支持感对员工离职倾向的影响显著性下降，标准化回归系数由 −0.40（$p<0.01$）变为 −0.19（$p<0.05$），而主管支持感可以显著预测主管忠诚（$\beta=0.73$，$p<0.01$）。根据巴伦和肯尼（Baron & Kenny, 1986）中介效应检验程序，在本研究中，主管忠诚度部分中介主管支持感与员工离职倾向之间的负向关系。因此，H2b 得到完全验证。依托菲吉和麦金农（Tofighi & MacKinnon, 2011）方法，运用 RMediation 检验程序表明，主管忠诚度的中介效应 95% 置信区间为 [−0.10, −0.30]，置信区间没有包含 0。因此，H2b 得到了进一步确认。

（三）转向假设

H3a 认为主管组织地位正向调节组织支持感与主管忠诚之间的关系。即，主管在组织内的非正式地位越高，组织支持感越能转变为对主管的忠诚。由于主管组织地位为第二层变量，采用 HLM6.0 对上述假设进行检验。

检验结果具体见表 6-6。

表 6-6 　主管组织地位对组织支持感影响主管忠诚度的调节作用

	模型 1	模型 2	模型 3
截距（γ_{00}）	4.29**	3.64**	4.23**
层 1 控制变量			
性别（γ_{10}）	−0.05	0.07	0.08
年龄（γ_{20}）	−0.06	−0.00	−0.01
学历（γ_{30}）	0.02	−0.05	−0.05
岗位（γ_{40}）	0.30**	0.17*	0.19*
组织任期（γ_{50}）	−0.00	−0.00	0.00
层 1 自变量			
组织支持感（γ_{60}）		0.42**	0.36**
层 2 自变量			
主管组织地位（γ_{01}）		0.15*	0.13*
跨层交互项			
组织支持感×主管组织地位（γ_{61}）			0.15**

注释：a. 层 1 的样本量为 306，层 2 的样本量为 67；b. 表中的系数为非标准化回归系数；c. 层 1 其他预测变量做总体均数中心化处理；d. ** 表示 $p<0.01$，* 表示 $p<0.05$。

由表 6-6 中的模型 2 可以看出，当组织支持感与主管组织地位一起预测主管忠诚时，仍然有显著正向影响（$\gamma_{60}=0.42$，$p<0.01$）。调节效应进一步发现，主管组织地位对组织支持感与主管忠诚度之间的正向关系起到正向调节作用。即，当主管组织地位越高时，组织支持感对主管忠诚度之间的正向影响越强。依据艾肯、韦斯特和雷诺（Aiken, West & Reno, 1991）方法，简单斜率分析表明，相对于低主管组织地位（低于平均数一个标准差）而言，在高主管组织地位（高于平均数一个标准差）情况下，组织支持感能更显著地带来员工对主管的忠诚。因为，在高主管组织地位情况下，组织支持感对主管忠诚度的回归系数为 0.46（$p<0.01$）。在低主管组织地位情况下，组织支持感对主管忠诚度的回归系数为 0.26（$p<0.01$），两者之间在 0.05 水平上存在显著性差异。见图 6-1。

H3b 认为领导成员交换负向调节组织支持感与主管忠诚之间的关系，即，LMX 越低，组织支持感越能转化为对主管的忠诚。检验结果具体见表 6-7。

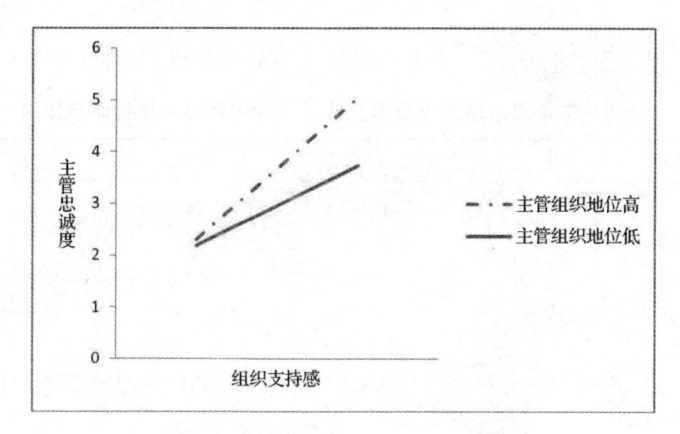

图 6-1　主管组织地位的调节效用

表 6-7　领导成员交换对组织支持感影响主管忠诚度的调节作用

	模型 1	模型 2	模型 3
控制变量			
性别	0.02	0.06	0.05
年龄	0.08	−0.01	−0.01
学历	−0.06	−0.07	−0.06
岗位	0.13*	0.07	0.07
组织任期	−0.08	−0.00	−0.00
自变量			
组织支持感		0.31**	0.30**
领导成员交换		0.56**	0.54**
交互项			
组织支持感×领导成员交换			−0.07*
R^2	0.03	0.61**	0.62**
ΔR^2		0.58**	0.04*

注释：a. 样本量为 306；b. 表中系数为标准化回归系数；c. ** 表示 $p<0.01$，* 表示 $p<0.05$。

由表 6-7 中的模型 2 可以看出，组织支持感对主管忠诚具有正向影响（$\beta=0.31$，$p<0.01$）。调节效应进一步发现，领导成员交换对组织支持感与主管忠诚度之间的正向关系起到负向调节作用。即，当领导成员交换越低时，组织支持感对主管忠诚度之间的正向影响越强。依艾肯、韦斯特和雷诺（Aiken, West & Reno, 1991）方法，简单斜率分析表明，相对于高 LXM（高于平均数一个标准差）而言，在低 LMX（低于平均数一个标准差）情况下，组织支持感能更显著地带来员工对主管的忠诚。因为，在高 LXM 情况下，组织支持感对主管忠诚度的标准化回归系数为 0.24（$p<0.01$）。在低

LXM 情况下，组织支持感对主管忠诚度的标准化回归系数为 0.36（$p<0.01$）。两者之间在 0.05 水平上存在显著性差异。见图 6-2。

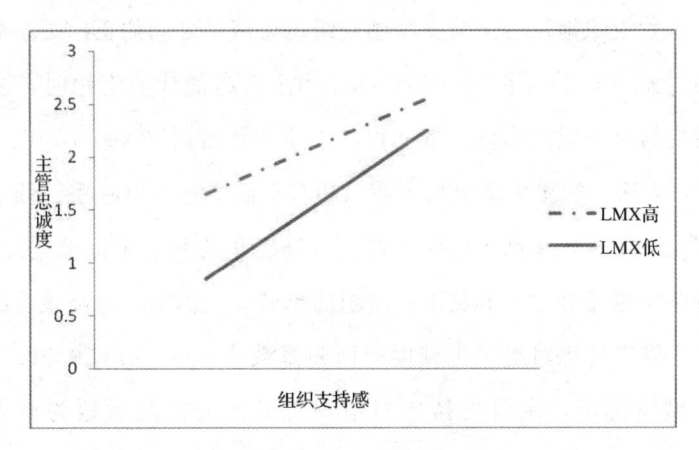

图 6-2　LXM 的调节效用

H3c 认为主管组织原型正向调节主管支持感与组织忠诚之间的关系。即，主管越能代表群体，则主管越能够在组织中有效地表达与争取组织利益，员工的主管支持感就越能转变成对组织的忠诚度。由于主管组织原型为第二层变量，采用 HLM6.0 对上述假设进行检验。检验结果具体见表 6-8。

表 6-8　主管组织原型对主管支持感影响组织忠诚度的调节作用

	模型 1	模型 2	模型 3
截距（γ_{00}）	4.08**	4.28**	4.05**
层 1 控制变量			
性别（γ_{10}）	−0.18	−0.16	−0.14
年龄（γ_{20}）	−0.12	−0.05	−0.06
学历（γ_{30}）	0.10	0.06	0.05
岗位（γ_{40}）	0.32*	0.08	0.09
组织任期（γ_{50}）	−0.00	−0.00	−0.00
层 1 自变量			
主管支持感（γ_{60}）		0.57**	0.53**
层 2 自变量			
主管组织原型（γ_{01}）		−0.04	−0.06
跨层交互项			
主管支持感×主管组织原型（γ_{61}）			0.11*

注释：a. 层 1 的样本量为 306，层 2 的样本量为 67；b. 表中的系数为非标准化回归系数；c. 层 1 其他预测变量做总体均数中心化处理；d. ** 表示 $p<0.01$，* 表示 $p<0.05$。

由表6-8中的模型2可以看出,当主管支持感与主管组织原型一起预测组织忠诚时,仍然有显著正向影响（$\gamma_{60}=0.57$,$p<0.01$）。调节效应进一步发现,主管组织地位对主管支持感与组织忠诚度之间的正向关系起到正向调节作用（$\gamma_{61}=0.11$,$p<0.01$）。即,当主管越能代表组织时,主管支持感越能转变为对组织的忠诚。依艾肯、韦斯特和雷诺（Aiken, West & Reno, 1991）方法,简单斜率分析表明,相对于低主管组织原型（低于平均数一个标准差）而言,在高主管组织原型（高于平均数一个标准差）情况下,主管支持感能更显著地影响员工对组织的忠诚度。因为,在高主管组织原型情况下,主管支持感对组织忠诚度的回归系数为0.61（$p<0.01$）。在低主管组织原型情况下,主管支持感对组织忠诚度的回归系数为0.45（$p<0.01$）。两者之间在0.05水平上存在显著性差异。见图6-3。

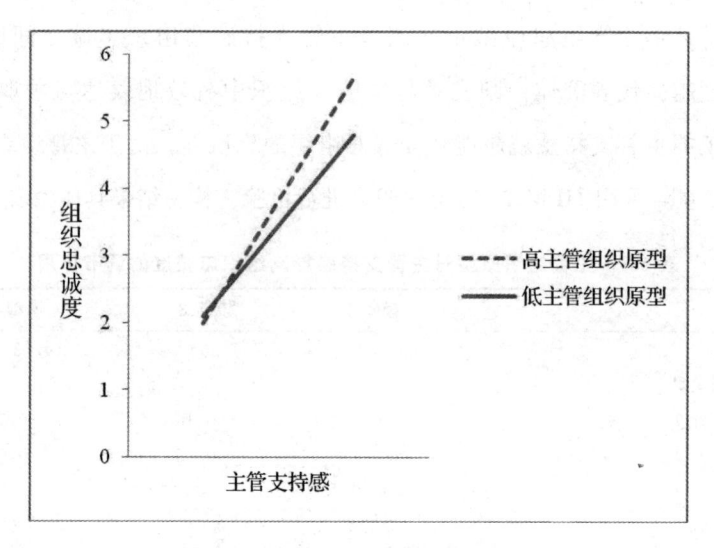

图6-3 主管组织原型的调节效用

（四）有调节的中介效用假设

H4a假设中国企业员工的主管忠诚中介组织支持感与离职倾向的关系,受到主管组织地位的正向调节。即主管组织地位越高,则主管忠诚越能中介组织支持感与离职倾向的关系。H4b假设中国企业员工的主管忠诚中介组织支持感与离职倾向的关系,受到LMX的负向调节。即LMX越低,主管忠诚越能中介组织支持感与离职倾向的关系。H4c 假设中国企业员工的组织忠诚中介主管支持感与员工离职倾向的关系，受到主管组织原型的正向调节。即主管组织原型越高，则组织忠诚越能中介主管支持感与离职倾向的关系。由于本研究假设有调节的中介作用均发生在第一阶段，因此采用爱德华兹和兰伯特（Edwards & Lambert，2007）有调节中介的整体分析框架中的"直接效应和第一阶段调节模型"（direct effect and first stage moderation model），对有调节的中介效应进行检验。检验结果，具体见表 6-9、表 6-10、表 6-11、表 6-12、表 6-13、表 6-14。

表 6-9　系数估计值：以主管组织地位为调节

调节变量	a_{X5}	a_{Z5}	a_{XZ5}	$\triangle R^2$	b_{X20}	b_{M20}	b_{Z20}	b_{XZ20}	b_{MZ20}	$\triangle R^2$
主管组织地位	0.39**	0.29**	0.11**	0.45**	−0.21**	−0.32**	−0.12**	−0.14**	0.00	0.27**

注：控制变量为性别、年龄、学历、岗位级别和组织任期；表格中值为未标准化回归系数；* $p<0.05$，* $p<0.01$。

表 6-10　简单效应分析：以主管组织地位为调节

调节变量	阶段 一	阶段 二	直接	间接	总体
主管组织地位					
低	0.32**	−0.32**	−0.13**	−0.10*	−0.24**
高	0.46**	−0.32**	−0.29**	−0.15**	−0.43**
差异	0.14**	0.00	−0.16**	0.05*	0.19**

注：主管组织地位上下一个标准差分别为 0.64，−0.64；检验方法为矫正偏差的百分位自助抽样；* $p<0.05$，** $p<0.01$。

简单效应分析发现，在主管组织地位高的情况下，组织支持感通过主管忠诚间接影响员工离职倾向的中介效应为 −0.15（$p<0.01$）。在主管组织地位低的情况下，组织支持感通过主管忠诚间接影响员工离职倾向的中介效应为 −0.10（$p<0.05$）。二者差异值为 0.05（$p<0.05$）。研究假设 H4a，得到了证明。主管组织地位对中介作用的调节效果，具体见图 6-4。

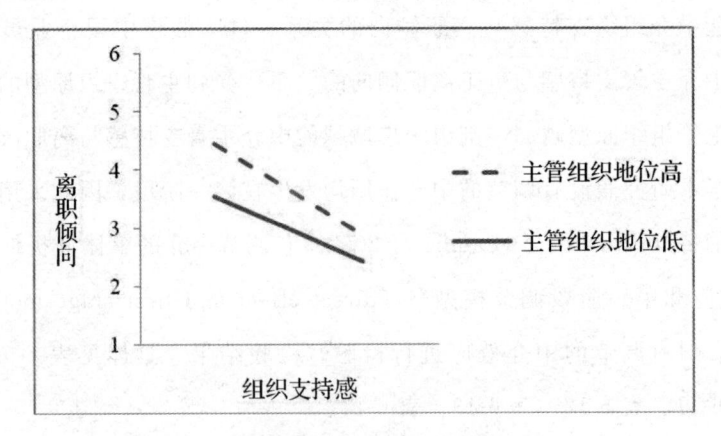

图 6-4　主管组织地位对间接效应的调节作用

表 6-11　系数估计值：以领导—成员交换为调节

调节变量	a_{X5}	a_{Z5}	a_{XZ5}	$\triangle R^2$	b_{X20}	b_{M20}	b_{Z20}	b_{XZ20}	b_{MZ20}	$\triangle R^2$
领导成员交换	0.30**	0.54**	−0.07	0.62**	−0.22**	−0.34**	0.03	−0.08	0.00	0.24**

注释：控制变量为性别、年龄、学历、岗位级别和组织任期；表格中值为未标准化回归系数；* $p<0.05$，* $p<0.01$。

表 6-12　简单效应分析：以领导—成员交换为调节

调节变量	阶段 一	阶段 二	效应 直接	效应 间接	效应 总体
领导成员交换					
低	0.35**	−0.34**	−0.15**	−0.12**	−0.27**
高	0.25**	−0.34**	−0.29**	−0.08*	−0.37**
差异	0.10**	0.00	0.14**	−0.04	0.10**

注释：领导成员交换上下一个标准差分别为 0.85，−0.85；检验方法为矫正偏差的百分位自助抽样；* $p<0.05$，** $p<0.01$。

简单效应分析显示，在 LMX 高的情况下，组织支持感通过主管忠诚间接影响员工离职倾向的中介效应为 −0.08（$p<0.05$）。在 LMX 低的情况下，组织支持感通过主管忠诚间接影响员工离职倾向的中介效应为 −0.12（$p<0.01$）。二者差异值为 0.04（$p<0.05$）。研究假设 H4b，得到了证明。LMX 对中介作用的调节效果，具体见图 6-5。

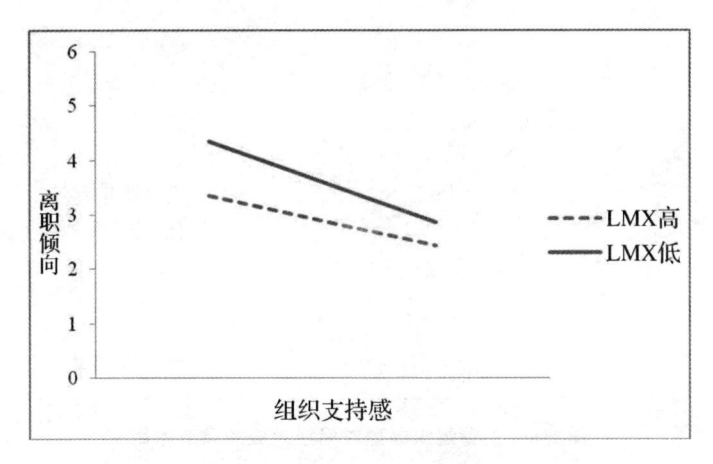

图 6-5　领导成员交换对间接效应的调节作用

表 6-13　系数估计值：以主管组织原型为调节

调节变量	a_{X5}	a_{Z5}	a_{XZ5}	$\triangle R^2$	b_{X20}	b_{M20}	b_{Z20}	b_{XZ20}	b_{MZ20}	$\triangle R^2$
主管组织原型	0.60**	−0.07	0.11*	0.36**	−0.06	−0.49**	−0.04	−0.04	0.00	0.34**

注释：控制变量为性别、年龄、学历、岗位级别和组织任期；表格中值为未标准化回归系数；* $p<0.05$，* $p<0.01$。

表 6-14　简单效应分析

调节变量	阶段 一	阶段 二	直接	间接	总体
主管组织原型					
低	0.51**	−0.49**	−0.02	−0.25**	−0.27**
高	0.69**	−0.49**	−0.09*	−0.34*	−0.43**
差异	−0.18**	0.00	0.07*	0.09*	0.16**

注释：主管组织原型上下一个标准差分别为 0.83，−0.83；检验方法为矫正偏差的百分位自助抽样；* $p<0.05$，** $p<0.01$。

简单效应分析显示，在主管组织原型高的情况下，主管支持感通过组织忠诚间接影响员工离职倾向的中介效应为 −0.34（$p<0.01$）。在主管组织原型低的情况下，主管支持感通过组织忠诚间接影响员工离职倾向的中介效应为 −0.25（$p<0.01$）。二者差异值为 0.09（$p<0.05$）。研究假设 H4c，得到了证明。主管组织原型对中介作用的调节效果，具体见图 6-6。

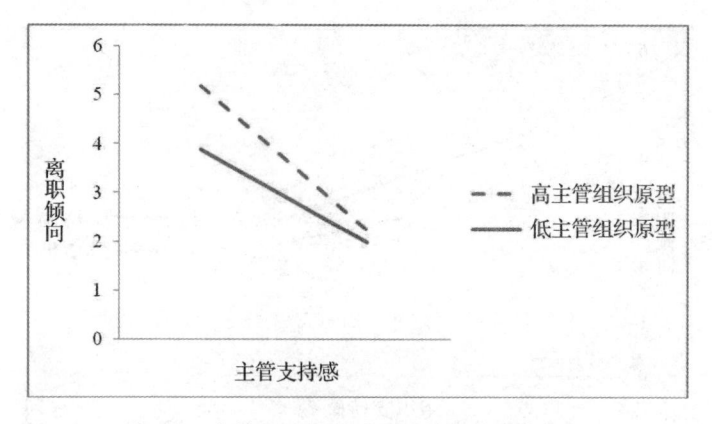

图 6-6 主管组织原型对间接效应的调节作用

(五) 效应比较假设

H5a 认为，中国企业员工主管支持感对员工离职倾向的总效用要大于组织支持感对员工离职倾向的总效用。采用阿森、布德斯库（Azen & Budescu，2003），布德斯库（Budescu，1993），谢宝国、龙立荣（2006）等人的做法，采用优势分析（Dominance Analysis）对该假设进行检验。约翰逊和莱布顿（Johnson & Lebreton，2004）认为，优势分析和相对权重（Relative Weights）是两种用来比较自变量相对重要性的最佳方法。具体检验结果，见表 6-15。

表 6-15 主管支持感、组织支持感对员工离职倾向的优势分析

模型中的自变量（X）	R^2	增值贡献（ΔR^2） 主管支持感	增值贡献（ΔR^2） 组织支持感
空集或 K=0 时，平均贡献	0	0.15	0.18
主管支持感	0.15	—	0.04
组织支持感	0.18	0.01	—
K=1 时，平均贡献		0.01	0.03
主管支持感，组织支持感	0.19		
总平均贡献		0.08	0.11

注释：已经对人口统计学变量进行了控制。

优势分析结果显示：(1) 在子模型不包含任何自变量的情况下，当分别加入变量组织支持感和主管支持感时，有 0.18＞0.15；(2) 当子模型包括

主管支持感或组织支持感时,将组织支持感或主管支持感各自加入方程中,有 0.04>0.01;(3) 主管支持感的总平均增值贡献为 0.08,组织支持感的总平均增值贡献为 0.11,0.11>0.08。因此,综合上述分析,对于预测员工离职倾向而言,组织支持感完全优势于主管支持感。组织支持感对员工离职倾向的总效用要大于主管支持感对员工离职倾向的总效用,H5a 没有得到验证。

H5b 假设,主管忠诚中介组织支持感与离职倾向的效用要大于组织忠诚中介组织支持感与离职倾向的效用;H5c 假设主管忠诚中介主管支持感与离职倾向的效用,要大于组织忠诚中介主管支持感与离职倾向的效用。采用普利彻和海斯(Preacher & Hayes,2008)介绍的 Mplus 宏命令对多重中介模型的间接效应大小进行比较。比较结果,具体见表 6-16 和表 6-17。多重中介效应比较表明,路径1——组织支持感→主管忠诚度→离职倾向,这一路径不显著(ind=−0.09,p>0.05),路径2——组织支持感→组织忠诚度→离职倾向,这一路径显著(ind=−0.33,p<0.05),路径1的中介效应显著大于路径2(con=−0.27,p<0.05)。路径3——主管支持感→主管忠诚度→离职倾向,这一路径不显著(ind=−0.05,p>0.05),路径4——主管支持感→组织忠诚度→离职倾向,这一路径显著(ind=−0.28,p<0.05),路径4的中介效应显著大于路径3(con=−0.23,p<0.05)。多重中介分析比较表明,H5b、H5c 没有得到支持。

表 6-16 组织支持感通过组织忠诚、主管忠诚影响员工离职倾向的中介作用比较

中介作用路径	点估计值	BC95%CI 下限	BC95%CI 上限
路径1:组织支持感→组织忠诚度→离职倾向	−0.33	−0.44	−0.22
路径2:组织支持感→主管忠诚度→离职倾向	−0.05	−0.09	0.05
路径1 VS. 路径2	−0.27	−0.42	−0.13

注释:检验方法为矫正偏差的百分位自助抽样;抽样次数为5000次;检验过程中,将人口统计学变量作为控制变量。

表 6-17 主管支持感通过组织忠诚、主管忠诚影响员工离职倾向的中介作用比较

中介作用路径	点估计值	BC95%CI 下限	BC95%CI 上限
路径3：主管支持感→主管忠诚度→离职倾向	-0.05	-0.09	0.06
路径4：主管支持感→组织忠诚度→离职倾向	-0.28	-0.33	-0.21
路径3 VS. 路径4	0.23	0.12	0.25

注释：检验方法为矫正偏差的百分位自助抽样；抽样次数为5000次；检验过程中，将人口统计学变量作为控制变量。

第七章 讨论与结论

本章在汇总相关研究结果之后，经过讨论抽取出相关研究发现，并提出相关管理启示，最后归纳出相关研究结论，提出相关研究展望。

第一节 结果汇总

通过规范的实证研究，应用层级回归和跨层次的分析法，本研究中的直接效用假设、中介效用假设、转向假设和有调节的中介效用假设，均得到了有效验证。而效用比较假设均没有得到证实。具体假设检验结果见表 7-1。

表 7-1 研究假设的检验结果汇总表

序号	假设内容	检验结果
H1a	组织支持感负向预测离职倾向	接受
H1b	主管支持感负向预测离职倾向	接受
H2a	组织忠诚中介组织支持感与离职倾向之间的负向关系	接受
H2b	主管忠诚中介主管支持感与离职倾向之间的负向关系	接受
H3a	主管组织地位正向调节组织支持感与主管忠诚之间的关系	接受
H3b	领导成员交换负向调节组织支持感与主管忠诚之间的关系	接受
H3c	主管组织原型正向调节主管支持感与组织忠诚之间的关系	接受
H4a	主管忠诚中介组织支持感与离职倾向的关系，受到主管组织地位的正向调节	接受
H4b	主管忠诚中介组织支持感与离职倾向的关系，受到 LMX 的负向调节	接受
H4c	组织忠诚中介主管支持感与员工离职倾向的关系，受到主管组织原型的正向调节	接受

续表

序号	假设内容	检验结果
H5a	主管支持感对离职倾向的影响要大于组织支持感对离职倾向的影响	不接受
H5b	主管忠诚中介组织支持感与离职倾向的效用，要大于组织忠诚中介组织支持感与离职倾向的效用	不接受
H5c	主管忠诚中介主管支持感与离职倾向的效用，要大于组织忠诚中介主管支持感与离职倾向的效用	不接受

第二节　研究发现

一、组织和主管支持感除了能够直接降低员工的离职倾向外，还会分别通过组织和主管忠诚的中介作用来降低员工的离职倾向

本研究证实了员工的组织和主管支持感都能够负向预测员工的离职倾向。也就是说，员工感知到的组织和主管支持感越高，则员工离开组织的意愿就越低；反之，员工感知到的组织和主管支持感越低，则员工的离职倾向就越高。上述结论也可以从相关理论得到推演。根据社会交换理论和互惠原则，当员工得到组织和主管的支持，在与组织及主管的交换中受到恩惠的时候，员工就会产生责任感和义务感，形成要回报于组织和主管的义务。这时，员工对组织和主管就会有更加认可的态度，工作起来也就会更加积极与主动，从而减少离职意愿，更愿意持续地为组织和主管的目标服务。而根据自我决定理论，德西（Deci, 1989）等人的研究证实了，管理上的自主性支持，与员工对公司管理的更高信任度紧密相关。布莱斯和布里（Blais & Brière, 1992）也证实，管理上的自主性支持也与员工的自主性动机正相关。组织和主管如果能够营造更加良好的支持性工作环境，如给员工更多工作的自主权或提供更多的正向绩效反馈与奖励，则员工的胜任需求、自主性需求和关系需求就能够得到更好满足，进而能够激发员工对待组织和主管更强的内在动机，促使员工对组织变革有更大的可接受度和更高水平的心理调整能力，对组织和主管也就会有更大的坚持性。因此，组织和主管支持能够通过

对员工基本心理需求的满足，进一步影响员工对待组织和主管的态度，增加员工的留职愿意，减少其离职倾向。

组织忠诚中介组织支持感与员工离职倾向之间的负向关系，主管忠诚中介主管支持感与员工离职倾向之间的负向关系，这两个假设也得到了验证。这说明，组织和主管对员工的大力支持，能够引发员工产生对组织和主管对应的情感承诺与忠诚，并带来积极的结果（如增加员工的留职意愿，降低员工的离职倾向）。依据社会交换理论，员工和组织及主管之间都会基于互惠原则，来发展相互之间的权利义务关系。塞顿、伯奈特、利登（Settoon，Bennett & Liden，1996），凌文辁等（2006），刘小平（2001）等许多学者，都证实了组织支持感与组织承诺具有相关关系。亚历山大和塔纳科迪（Alexander & Thanacoody，2012）研究还发现，员工的组织支持感会对组织情感承诺产生积极影响，进而与员工离职倾向负向相关。而韦格、范迪克、费雪、韦斯特和道森（Wegge，Van Dick，Fisher，West & Dawson，2006）也证实，主管支持等工作环境特征，会使员工产生快乐、幸福、自豪等积极情感反应。这种积极情感反应又会使员工对组织产生积极的态度，增强留职意愿，降低离职意愿。当员工感知到组织及直接主管在关心和支持自己的时候，根据互惠原则员工也会对组织和直接主管产生相应的责任感和义务感，进而提升自己对组织和直接主管的承诺与忠诚水平。随着员工与组织及直接主管交换次数的不断增加和交换程度的不断加深，交换双方就会有更多的互信、认同与承诺，员工与组织及直接主管之间的雇佣关系也就会更加长期和稳定，员工的离职意愿自然就会降低。依据情感事件理论，员工工作自主性、能否参与组织和主管的决策、拥有多大发言权等组织生活中产生的诸多事件，都会影响员工对组织或主管的情感反应，进而影响员工对待组织或直接主管的态度和行为。组织中的工作环境特征一般主要由组织和直接主管来塑造。组织和直接主管越是能够为员工营造支持性的工作环境特征，就越能够激发员工产生快乐、幸福、自豪等积极的情感反应。而员工的这种积极情感反应，就能够增加其对组织和直接主管的情感依附，提升员工的留职意愿。反之，费雪（Fisher，

2002)证实,若组织和直接主管对员工的支持力度不够,员工工作环境特征比较恶劣,则员工就会对组织和直接主管产生消极的情感反应,这种消极情感反应会进一步降低员工对组织和直接主管的情感承诺,增加员工的离职意愿。

二、在组织中存在参照体转换的背景下,组织和主管支持感会通过影响员工的情感反应,进而影响员工的离职倾向

主管组织地位正向调节组织支持感与主管忠诚之间的关系,领导成员交换负向调节组织支持感与主管忠诚之间的关系,这两项假设在本研究中也得到了验证。这说明,员工的组织支持感除了会导致员工对应增加对组织的情感承诺与忠诚外,在一定条件下还会导致员工产生对直接主管的承诺与忠诚,从而引发员工与组织交换过程中的参照体转换(也就是说,从员工与组织之间的交换关系,转换到了员工与主管之间的交换关系)。而从员工的组织支持感到主管忠诚这种交换关系中的参照体转换能否顺利实现,在很大程度上取决于主管与组织相互融合的程度。员工感知到的直接主管与组织融合的程度可以用多种指标来衡量,如从直接主管对组织的代理程度来观察,用员工感知的主管非正式组织地位指标来测量。德鲁克(Drucker,1954)认为,"如果将组织与人相分离,那么组织就没有了生命,组织也就没法与人相联系"。基于此,莱文森(Levinson,1965)提出了"组织拟人化"思想。他认为,基于组织的习俗,那些代表机构或组织的人拥有并会以家长代理人(Parental Surrogates)的方式来应用他们的权力。而组织中的管理者有不同的等级,因而他们也就有大小不等的代理权限。当员工感知到自己的直接主管在组织中的地位比较高,则员工就会认为该直接主管对组织的代理程度也比较高,组织的政策措施就更加能够从员工直接主管的施政上表现出来,这时直接主管和组织的融合程度也比较高。当员工感知到的组织支持感和直接主管组织地位都比较高时,员工除了会增加对组织的承诺与忠诚外,也会增加对直接主管的忠诚。因为,员工可能会觉得具有较高组织地位的直接主管,作为组织的代理人,已经在组织支持的政策决策中发挥了比较大的影响

力。也就是说，员工这时会把组织对自己的支持，也部分地归因于直接主管的功劳，因而根据互惠原则员工也就可能会增加对直接主管的承诺与忠诚。又如员工感知到的领导成员交换关系，反映了领导融入下属群体的程度。在领导成员交换水平比较低时，员工与直接主管之间主要以经济利益交换为主，这时若增大对员工的组织支持，员工除了增加对组织的承诺与忠诚外，也会增加对直接主管的承诺与忠诚。因为，员工这时可能会将组织的支持也部分地归因于组织代理人——直接主管的功劳。而在领导成员交换水平比较高时，员工与直接主管之间除了进行经济利益的交换外，还会有更深层次的社会性交换。也就是说，在高水平的领导成员交换关系下，员工会与直接主管会进行广范围、深层次的互动交流，如直接主管会为员工提供更多的内部消息和更大的决策权限。这时，即使对员工再增加组织支持力度，也未必会导致员工承诺对象的参照体转换，如增加对主管的承诺与忠诚。因为，在高水平的领导成员交换关系中，员工成了直接主管的"圈内人"，直接主管将之视为己出，两者甚至完全融合，信息共享，责任共担。这时，主管对员工的影响已经达到了高水平。同时，员工对直接主管的承诺与忠诚，也已经达到了高水平。因此，这时如果对员工继续增加组织支持力度，员工会更多地将它归因于组织的贡献，而未必是自己直接主管的功劳（在高水平领导成员交换关系下，直接主管能给员工的已经给了，甚至不该给的也给了，直接主管对员工的领导影响已经充分释放了），因而，在这种情况下再发生承诺对象参照体转换（即由员工对组织转换到员工对主管）的可能性，反而就小了。

主管组织原型正向调节主管支持感与组织忠诚之间的关系的假设，在本研究中也得到了验证。组织中的每位成员都会在自己的内心形成各自的组织原型，而组织成员经过深入的互动交流，就能够产生共享的组织原型。共享的组织原型包含知觉、信念、态度、行为等要素，可以体现为组织成员共同的价值观念和规范要求，它们会对组织成员产生强烈而深远的影响。而直接主管自我感知的组织原型性，则代表了直接主管自我感知与共享组织原型的相似度。在本研究中，直接主管的组织原型代表性越高，则该直接主管与组织的融合度就越高，也就越能代表组织对员工提供支持和服务，相应地员工也就更加能够将直接主管对自己的支持，归因于直接主管对组织的代理功劳，从而增加对组织的忠诚，实现员工忠诚对象的参照体转换（从员工对直接主管的忠诚，转换到了员工对组织的忠诚）。反之，若直接主管的组织原型代表性不高，则员工就会认为直接主管对自己的支持就是他个人的支持，并不代表组织对自己的支持，这时员工并不会增加对组织的忠诚，不能够实现忠诚对象的参照体转换。

主管忠诚中介组织支持感与离职倾向的关系，受到主管组织地位正向调节的假设，在本研究中得到了验证。当员工感知主管组织地位较高时，高的组织支持感除了影响员工的组织忠诚外，还会引发员工提高对直接主管的忠诚，并降低员工的离职意愿。因为，员工会认为具有较高组织地位的直接主管，会在促进组织为员工提供支持方面做出更大贡献，因而员工会觉得自己感知到的组织支持感里面有直接主管的极大功劳，从而高主管组织地位就易于引发员工忠诚的参照体转换（即从组织支持感到组织忠诚，转换到了组织支持感到主管忠诚），也会进而降低员工的离职倾向。主管忠诚中介组织支持感与离职倾向的关系，受到LMX负向调节的假设，在本研究中也得到了验证。当直接主管与员工的交换水平较高时，员工与直接主管之间就已经有了更深层次的社会性交换，作为组织代理人的直接主管，已经充分释放了其作为员工领导的个人影响，这时如果再增加对员工的组织支持力度，员工就会将其主要归功于组织的功劳，进而增加对组织的忠诚，进而降低员工的离职倾向。这时，就不会引发员工忠诚参照体的转换（即从组织支持感到组织忠诚，转换为从组织支持感到主管忠诚）。组织忠诚中介主管支持感与员工离职倾向的关系，受到主管组织原型正向调节的假设，在本研究中也得到了验证。组织原型高的直接主管能够更好地充当组织代理人的角色，这时的直接主管能够更加全面地表现组织的意志，而且，这时员工对高组织原型性主管支持的感知，能够更大程度地触发员工将直接主管的支持归因于组织的功劳（这时直接主管很好地充当了组织代理人的角色，而主管支持的很大一部分就成了组织支持的外在表现了),从而会引发员工忠诚参照体的转换(从主管支持感到主管忠诚,转换从主管支持感到组织忠诚),进而降低员工的离职意愿。

三、在比较组织和主管支持感对员工离职倾向效用大小时,考虑多重中介优势,有利于发现组织中的潜在机制和情境限制

主管支持感对员工离职倾向的影响要大于组织支持感对员工离职倾向的影响,这一假设在本研究中没有得到证实。虽然陈振雄等(2002)认为,华人社会中的上下级权力差距较大,直接主管比组织更接近员工,因而会对员工产生更大影响。但本研究并未证实主管支持感对员工离职倾向的影响要大于组织支持感对员工离职倾向的影响。究其原因,我们认为这很可能受到了被调查企业组织形态和样本对象个体特征的影响。本研究的调查单位为新疆维吾尔自治区乌鲁木齐市一家主要涉及资源采掘和冶炼业务的国有独资工业企业,该企业地处交通不便且方圆十多公里的山区,目前正面临着产业结构调整、兼并重组、异地再造等紧迫任务。本研究样本对象包括的直接主管和员工,则多为该企业中第二代乃至第三代扎根山区的子弟兵后代。这些直接主管和员工与企业的情感联系可谓是一辈子,他们从出生、成长、就学再到就业,大部分时光都与该企业联系在一起。而一般来说,相对于员工与企业的长久关系,员工与直接主管关系的建立,则要短暂得多。再加上该企业目前正处于缺员状态,企业在发展历程中也绝少开除员工,即使有一些身体不好或绩效表现不良的员工,企业也会慎重对待他们,会想办法把他们调换到其他更合适的部门和岗位。正因为员工与企业之间这种特殊复杂的情感联系,在本研究中组织支持感反而比主管支持感对员工离职倾向的影响要大。因此,在本研究中上述假设没有得到验证,这也就在情理之中。

主管忠诚中介组织支持感与离职倾向的效用,要大于组织忠诚中介组织支持感与离职倾向的效用;主管忠诚中介主管支持感与离职倾向的效用,要大于组织忠诚中介主管支持感与离职倾向的效用,这两个假设也未得到验

证。因此，本研究发现，当同时将组织忠诚和主管忠诚作为中介变量考察组织支持感、主管支持感对员工离职倾向的影响时，主管忠诚的中介效应变得不显著了。这种研究结果进一步证明了多重中介的优势。所谓多重中介研究，就是指在自变量与因变量之间存在多个中介变量的情形（柳士顺、凌文辁，2009）。因为，按普利彻、海斯（Preacher & Hays, 2008），刘东、张震、汪默（2012）等人的观点，多重中介不仅可以对多个中介变量之间的相关进行控制，而且更为重要的是可以清晰地描绘出组织现象中可能同时存在的潜在机制和情境限制。从本研究结果中我们可以发现，在中国老牌国有企业的情境中，员工与组织及直接主管的关系具有一定的特殊性，它不完全等同于社会主义市场经济条件下其他经营主体中的上述关系。如在民营企业、私营企业或外资企业中，员工与企业或直接主管之间的交换关系，会更加注重比较各自的经济利益所得与各自的成本付出是否对等。如果觉得不太对等，则员工就会产生离职倾向，甚至发生离职行为；而企业和直接主管也可以解聘其认为不值得的员工。这样，交换双方之间的交往就会更加符合市场经济规律。但在中国的一些老牌国有企业中，员工与企业或直接主管之间的交换关系则要复杂得多，尤其是像本研究中的被调查企业是一家交通不便、产业低端、劳动强度较大的资源采掘型老牌国有工业企业，其员工队伍甚至有比较明显的代际传承特点。员工与企业之间除了会有经济性交换外，还会有更多更深层次的社会性交换。因此，在双方持续不断的相互交往之中，员工与企业之间就会产生更加深厚的情感。而且，中国的国有企业有时甚至还要把稳定职工队伍、确保职工饭碗，作为一项政治任务来抓，员工有时也会以职业的稳定、福利的保障作为骄傲的资本。可见，在本研究中，企业的环境、性质、文化与传统等情境，成了影响员工与组织和直接主管社会交换关系的重要背景因素。尤其是在中国的一些老牌国有企业中，非市场化的一些因素（如企业要承担更多的社会稳定责任和义务，因而就不能完全按价值规律来辞退业绩不良员工），往往会对企业中员工与组织及直接主管的关系产生十分重要的影响。

总体来说，本研究证实了在存在参照体转换的组织环境下，组织与主管支持感会通过影响员工对组织和主管忠诚的方式，进而对员工的离职倾向产生影响。而实现参照体转换的关键，就是直接主管与组织或员工队伍融合的程度。直接主管在组织中的非正式地位、直接主管与员工的交换程度、直接主管感知的组织原型性等，则可以代表直接主管与组织及员工的融合度。

第三节 管理启示

一、注重提升员工对组织和主管支持的感知，将有利于直接降低员工的离职意愿

在本研究中，组织和主管支持感能够负向预测员工离职倾向的假设得到了验证，这就提示组织和管理者在与员工交往中，应该给员工提供更多的正面支持。如组织不但应该重视听取员工的意见和建议、提升员工的待遇和福祉，而且在员工遇到困难时要及时提供适当帮助、原谅员工的无心之过，特别是要重视员工个人的目标和价值是否在组织中得到了实现，也就是要重视激发员工的内在动机。直接主管则要及时了解员工的职业期望，为员工提供及时的绩效反馈与表扬及改进意见，提供更多培训和新技能发展机会等，特别要鼓励员工自我加压、自我控制、自我激励，从而更好地激发员工的内在动机。组织和直接主管越是相信员工，给员工更多的相关支持和鼓励，则员工就越会对组织和直接主管产生回报的责任和义务，从而更愿意持续地为实现组织和主管的工作目标服务，并减少离开组织的意愿、增加留在组织的意愿。

二、通过营造好的工作氛围，增加员工积极情感体验和情感反应，利于提升员工对待组织和主管的积极态度，降低员工的离职倾向

组织忠诚能够中介组织支持感与员工离职倾向之间的负向关系，主管忠诚能够中介主管支持感与员工离职倾向之间的负向关系，这就提示组织和直

接主管都应该重视为员工营造支持性的工作环境特征，满足员工对胜任、自主和关系的需求，进一步激发员工对组织和直接主管的积极情感反应，抑制其消极情感反应，增加员工对组织和直接主管的情感承诺与忠诚，从而留住员工的心，降低其离职意愿。组织和直接主管营造这种支持性的工作环境可以包括：利用现代信息技术加强与员工的信息沟通；在问题解决和各种决策中，广泛吸收员工参与决策，增加其知情权和表达权；通过分权与授权，为员工提供更多的工作自主性，激发其努力工作的内在动机；为员工提供更好的福利待遇，给予员工更多的认可和表扬激励等。组织可以从以下几方面来考察员工的承诺与忠诚水平，调整相应组织支持决策，如员工是否以组织为骄傲，员工对组织是否有归属感，以及组织在员工心目中是否有价值等。而直接主管则可以从以下几方面来体验员工的承诺与忠诚水平，调整相应的主管在支持决策，如员工是否会捍卫和维护直接主管的利益，服从直接主管的安排，愿意继续充当直接主管的下属，能够接受直接主管价的值观，能够与直接主管共荣辱等。

三、重视提升主管的组织地位和组织原型代表性，根据领导成员交换水平调整组织或主管支持策略，促进组织中相关交换关系的参照体转换，可以提升组织与主管支持感对员工的作用效果，进一步降低员工离职倾向

主管组织地位能够正向调节组织支持感与主管忠诚之间的关系，领导成员交换能够负向调节组织支持感与主管忠诚之间的关系，这两个假设在本研究中得到了验证，这就给我们以下管理启示。首先，应该重视提高主管在组织中的非正式地位，使下属能够切身感受到自己的直接主管被组织所看重。员工会从几方面来感知直接主管在组织中的非正式地位，如组织是否尊重直接主管，是否会给直接主管做重大决策的机会，是否会给直接主管尝试新事物的权力，直接主管能否影响员工的收入水平，直接主管能否为员工提供新的技术知识等。员工感知的主管非正式组织地位越高，则越能实现从组织支

持感到主管忠诚之间的参照体转换。因为员工每天都要与作为组织代理人的直接主管频繁地交流，因此上述转换有利于直接主管更好地推动本部门的工作，促进员工在直接主管带领下，完成组织分派给本部门的任务。而为提升直接主管在组织中的非正式地位，促进员工从主管支持感到组织忠诚的参照体转换，组织在决策中就应该更多地听取直接主管的意见，让直接主管在组织活动中拥有更多知情权和发言权，给直接主管更多正式和非正式的表扬以增加直接主管在组织中的能见度，组织还可以给直接主管更多尝试新事物的权力等。但组织也要明确员工对直接主管忠诚的大致边界，也就是应该围绕组织分派的任务与角色，来界定员工与直接主管之间的关系。其次，本研究发现，当领导成员交换水平比较低时，组织支持感对主管忠诚度的正向影响反而较强。如当新员工刚进入组织时，领导成员交换关系肯定就处于比较的低水平，这时如果组织能够对新进员工提供更多的职前引导、培训等支持，将有利于提升员工对直接主管的忠诚。因为，员工这时也会将组织支持的部分功劳归因于直接主管这一代理人的贡献。而当领导成员交换水平比较高时，直接主管与员工已经有了比较深入的社会交换关系，直接主管本人及其作为组织代理人的影响已经对员工充分释放了，这时员工就会把组织的支持更多地归因于组织的功劳，而未必会增加对直接主管功劳的归因，因而员工的主管忠诚度未必会增加。

主管忠诚中介组织支持感与员工离职倾向的关系，受到主管组织地位的正向调节。这提示组织应该重视同时提高主管的非正式组织地位和组织对员工的支持，并要让员工感觉到这种支持，这将有利于增加员工对自己直接主管的忠诚，同时降低员工的离职意愿。而主管忠诚中介组织支持感与员工离职倾向的关系，受到 LMX 的负向调节。这提示我们，在员工与直接主管的交换关系处于比较低的水平时，组织应该为员工提供更多的支持，这将有利于增加员工对直接主管的忠诚，有利于直接主管对员工的有效领导，并能够带来积极的组织结果，进一步降低员工的离职倾向。上述有调节中介效用的发生，有利于实现员工与组织或主管交换过程中的参照体转换，进一步放大组织或主管支持感对员工的影响，为组织带来更积极的结果。

主管感知的组织原型能够正向调节主管支持感与组织忠诚之间的关系。组织忠诚中介主管支持感与员工离职倾向的关系，受到主管组织原型的正向调节。这提示组织和主管，要重视直接主管的组织原型代表性问题。因为，直接主管的组织原型性越高，则该直接主管就越能够代表组织特征，在组织中更加具有典型性、代表性，更加能够充当组织化身。直接主管的组织原型代表性越高，也说明改直接主管融入组织的程度越深，这将有利于促进员工忠诚的参照体转换（从主管支持感到主管忠诚，转换到主管支持感到组织忠诚），扩大直接主管支持对员工的作用效果。而为培养更多更加具有组织原型代表性的直接主管，组织应该鼓励大家不断提炼共享的组织原型特征，大力宣传共享组织原型特征与典型直接主管代表，为其他直接主管提供学习的楷模和对照的标杆。

四、老牌国有企业除了要保持组织支持感的良好效用外，还应重视提升主管的组织原型代表性，提升主管支持对员工的积极效用

显然，本研究调查的某老牌国有企业特殊的环境、性质和文化特征等对该企业的员工队伍结构，特别是对该企业员工与组织及主管的交换关系产生了比较特殊的影响。该企业正面临所有制改革、战略重组、异地迁建等，可能会带来员工队伍分流、竞聘上岗等人力资源政策变化，为减少体制变革和战略重组可能对该类企业人力资源队伍结构带来的不利影响，可以考虑加强以下管理措施。首先，应该加强组织、直接主管与员工之间的沟通与交流，对企业的境遇、可能的前途、各自的利益与成本等，通过深入讨论充分达成共识；其次，组织或直接主管要增加对员工的支持，为员工营造更加良好和宽松的社会环境，如通过信息共享、参与决策、权力下放、自主决策、培训发展等，重新激发员工对组织或直接主管积极的情感反应，进而提升员工对组织或直接主管积极的情感承诺与忠诚，提升员工对待组织和直接主管积极的态度，降低其离职倾向；最后，组织或直接主管应该及时提炼共享的组织原型特征，学习和宣传共享的组织原型特征，将其内化为直接主管的自身特征，从而促进员工的主管支持感到组织忠诚之间的参照体转换，为企业的变革和发展提供更多、更大的原型代表和内在动力。

上述管理措施，将有利于提升员工对组织支持或主管支持的感知，增强员工对组织或直接主管的情感承诺与忠诚，提高直接主管与组织的融合程度并促进组织内部社会交换中的参照体转换，放大员工对组织和直接主管支持的积极情感效用，增强员工对待组织和直接主管的积极态度，进一步降低员工的离职倾向。

第四节 创新与不足

本研究在吸取前人研究经验基础上，在充分考虑员工与组织及直接主管交换过程中会有参照体转换的情况下，来探讨组织和直接主管的支持如何影响员工对待组织和直接主管的情感反应，进而又如何影响员工对待组织和直接主管的态度（如离职倾向）。因而，本研究更加全面地考察了组织情境对员工情感反应和相关工作态度（如本研究中的离职倾向）的影响。研究证实了直接主管与组织或成员相互融合的程度，会在组织与主管支持感、组织和主管忠诚之间起调节作用，并最终影响员工的离职倾向。而直接主管与组织融合的程度可以从多个角度来观察，如直接主管在组织中的非正式地位、直接主管的组织原型性和领导成员交换关系，都可以成为观测指标。

本研究的不足之处在于，调查对象单位比较单一，样本容量不大，特别没有追踪相关变量之间的动态变化，还存在同源误差问题。从组织和主管支持感到组织和主管忠诚之间，也还有诸多因素（如员工对组织或直接主管的责任感、义务感、认同度、信任度等）需要考虑，而且影响员工与组织或直接主管交换中参照体转换的边界条件也还有许多因素（如直接主管的组织认同、组织嵌入等），需要做更加深入的研讨。具体来说，首先，由于研究者时间和精力的限制,本研究调查对象仅为新疆一家国有独资工业企业,并且是一家兵团起家的老牌国有企业。这种调查对象的单一性和特殊性,将会影响研究成果的普遍意义。其次,本研究仅仅采用了一个横断面的调查数据,进行研究假设验证,而没有跟踪该企业员工态度和情感的动态变化。最后,在本研究中许多变量的调查问卷主要由员工来填写,再加上特定条目内容、问卷类型、反映形式、一般测试环境等的影响,本研究中的共同方法偏差在所难免。

第五节 结论与展望

本研究在相关理论和文献述评基础上,推演出相关研究假设和模型,然后遵循实证研究的基本规范,通过问卷调查收集相关数据,在进行问卷信度检验、共同方法偏差检验和兴趣变量间区分度检验之后,接着进行描述性统计分析,应用SPSS19.0进行相关变量的层级回归分析,再采用HLM6.0对相关假设进行检验。在假设验证中,本研究首先验证组织支持感和主管支持感对员工离职倾向的直接效用、组织忠诚在组织支持感和员工离职倾向之间的中介效用、主管忠诚在主管支持感和员工离职倾向之间的中介效用。然后,本研究特别对主管支持感如何引发员工对组织的忠诚,来自组织的支持又如何引发员工对直接主管的忠诚做了初步探索,分别研究了主管组织地位在组织支持感与主管忠诚之间的调节效用、领导成员交换在组织支持感与主管忠诚之间的调节效用、主管感知的组织原型在主管支持感与组织忠诚之间的调节效用,以及在主管忠诚中介组织支持感与离职倾向的关系中主管组织地位和LMX的调节效用,在组织忠诚中介主管支持感与离职倾向的关系中主管组织原型的调节效用。上述相关假设在本研究中均得到了验证。但本研究的直接效用比较假设和相关中介效用比较假设均没有得到验证。我们认为,这主要受了组织情境限制的影响,越发显示了多重中介的优势。最后,本研究还对假设检验结果进行了相关讨论与分析,总结了本研究的理论贡献和管理启示。展望未来，我们认为在组织环境中，影响员工从组织支持感到主管忠诚、从主管支持感到组织忠诚之间参照主体转换的边界条件是多种多样的，今后还可进一步沿此路径进行更加深入的相关研究。而在组织支持感到组织或主管忠诚之间、主管支持感到主管或组织忠诚之间，也还可以检验更多的中介乃至调节效用，以使我们对组织和主管支持感、到组织和主管忠诚、再到员工离职倾向之间的内部机制，有更加深入和全面的认识。

参考文献

普通图书

[1] 方振邦，徐东华. 管理思想百年脉络：影响世界管理进程的百名大师 [M]. 3版. 北京：中国人民大学出版社，2012.

[2] 弗雷德里克·泰勒. 科学管理原理 [M]. 马风才，译. 北京：机械工业出版社，2013.

[3] 陈晓萍，徐淑英，樊景立. 组织与管理研究的实证方法 [M]. 北京：北京大学出版社. 2008.

[4] 马斯洛. 动机与人格 [M]. 许金声，等，译. 北京：中国人民大学出版社，2012.

[5] 梅奥. 工业文明的社会问题 [M]. 费孝通，译. 北京：商务印书馆出版社，1964.

[6] 乔治·梅奥. 工业文明的人类问题 [M]. 陆小斌，译. 北京：电子工业出版社，2013.

[7] 斯蒂芬 P 罗宾斯. 组织行为学 [M]. 7版. 北京：中国人民大学出版社，2002.

[8] 魏钧. 忠诚管理 [M]. 北京：北京大学出版社，2005.

[9] BARTEL A，BLADER S，WRZESNIEWSKI A. Identity and the modern organization [M]. Mahwah，NJ：Lawrence Erlbaum，2007.

[10] ASHFORTH B E. Role transitions in organizational life：An identity based perspective [M]. Mahwah，NJ：Erlbaum，2001.

[11] BANDURA A. Social foundations of thought and action: A social cognitive theory [M]. Englewood Cliffs, NJ: Prentice-Hall, 1986.

[12] BLAU P M. Exchange and power in social life [M]. New York: Wiley, 1964.

[13] BOND M H, Hwang K K. The Social Psychology of Chinese People [M]. New York: Oxford University Press, 1986: 211−266.

[14] DECI E L, RYAN R M. Intrinsic motivation and selfdetermination in human behavior [M]. New York: Plenum, 1985.

[15] DECI E L, RYAN R M, Handbook of self-determination research [M]. Rochester, NY: University of Rochester Press, 2002.

[16] GERGEN K S, GREENBERG M S, WILLIS R H. Social exchange: Advances in theory and research [M]. New York: Plenum Press, 1980.

[17] GUPTA N, JENKINS G D. The structure of withdrawal: Relationships among estrangement, tardiness, absenteeism, and turnover [M]. Springfield, VA: National Technical Information Service, 1980.

[18] HOMANS G C. Social behavior: Its elementary forms [M]. New York: Harcourt, Brace & World, 1961.

[19] JAMES C E, ASHKANASY N M. Research on Emotion on Organizations. Emotions, Ethics, and Decision-Making [M]. Bingley, UK: Emerald Group Publishing/JAI Press, 2005.

[20] SAUTER S L, MURPHY L R. Organizational risk factors for job stress [M]. Washington, DC: American Psychological Association, 1995.

[21] MARCH J G, SIMON H A. Organizations [M]. New York: Wiley, 1958.

[22] MEYER J P, ALLEN N J. Commitment in the workplace: Theory, research and application [M]. Thousand Oaks, CA: Sage, 1997.

[23] MOWDAY R T, PORTER L W, STEERS, R M. Employee-organization linkages: The psychology of commitment, absenteeism and turnover [M]. Newyork: Academic Press, 1982.

[24] PETER DRUCKER. The Practice of Management [M]. New York: Harpers, 1954.

[25] Pratt M G. To be or not to be: Central questions in organizational identification [M] // Identity in organizations, Thousand Oaks, CA: Sage, 1998: 171-207.

[26] VAN KNIPPENBERG D, HOGG M A. Leadership and power: Identity processes in groups and organizations [M]. London, England: Sage, 2003.

[27] SKINNER B F. Contingencies of Reinforcement [M]. New York: Appleton-Century-Crofts, 1996.

[28] WORCHEL, AUSTIN W G. Psychology of Intergroup Relations [M]. Chicago, IL: Nelson-Hall, 1986.

[29] TURNER J C, HOGG M A, OAKES P J, et al. Rediscovering the social group: A self-categorization theory [M]. Oxford, England: Blackwell, 1987.

[31] DAY D V, ANTONAKIS J. The nature of leadership [M]. Los Angeles, CA: Sage, 2012.

学位论文

[1] 林佳㥁. 知觉组织支持与组织公民行为：角色定义幅度之中介作用 [D]. 桃园：台湾中原大学，2005.

[2] 周明建. 组织、主管支持，员工情感承诺与工作产出——基于员工"利益交换观"与"利益共同体观"的比较研究 [D]. 杭州：浙江大学，2005.

专著中析出的文献

[1] 刘东，张震，汪默. 被调节的中介和被中介的调节：理论建构与模型检验 [M] //陈晓萍，徐淑英，樊景立. 组织与管理研究的实证方法. 北京：北京大学出版社，2012：553-587.

[2] BASCH J, FISHER C D. Affective events-emotions matrix: A classification of work events and associated emotions [M] // Emotions in the workplace:

Research, theory, and practice. Westport, CT: Quorum, 2000: 36-48.

［3］CHENEY G, CHRISTENSEN L T. Organizational Identity: Linkages Between Internal and External Communication [M] // The New Handbook of Organizational Communication: Advances in Theory, Research, and Method, Sage: Thousand Oaks, CA, 2001: 231-261.

［4］ERDOGAN B, LIDEN R C. Social exchanges in the workplace: A review of recent developments and future research directions in leader-member exchange theory [M] // Leadership, Greenwich, CT: Information Age, 2002: 65-114.

期刊文献

［1］敖小兰. 中国领导干部人格类型研究 [J]. 心理科学, 2004, 27 (3): 731-734.

［2］周明建, 宝贡敏. 主管承诺理论研究述评 [J]. 心理科学进展, 2005, 13 (3): 356-365.

［3］陈加洲, 凌文辁, 方俐洛. 组织中的心理契约 [J]. 管理科学学报, 2001, 4 (2): 74-78.

［4］陈萍. 基于心理契约的员工忠诚度及风险分析 [J]. 西北民族大学学报 (哲学社会科学版), 2004 (1): 70-74.

［5］陈志霞, 廖建桥. 组织支持感及其前因变量和结果变量研究进展 [J]. 人类工效学, 2006 (1): 62-65.

［6］陈志霞, 陈剑峰. 组织支持感影响工作绩效的直接效应与间接效应 [J]. 工业工程与管理, 2008 (1): 99-104.

［7］陈致中, 李静. 组织忠诚感: 概念、研究现状与前瞻 [J]. 现代管理科学, 2014 (9): 39-41.

［8］杜恒波. 组织认同理论研究评述与展望 [J]. 山东工商学院学报, 2012, 26 (3): 66-70.

［9］傅升, 丁宁宁, 赵懿清, 等. 企业内的社会交换关系研究: 组织支持感与领导支持感 [J]. 科学学与科学技术管, 2009 (6): 175-181.

[10] 封子奇，王雪，金盛华，等．领导力的社会认同理论：主要内容及研究进展 [J]．心理学探新，2014，34，(2)：166－171．

[11] 顾琴轩，杨彩玲，等．技术人员的职业倾向与职业满意组织忠诚研究 [J]．科学学研究，2006，24（2）：288－293．

[12] 韩翼，刘竞哲．个人－组织匹配、组织支持感与离职倾向——工作满意度的中介作用 [J]．经济管理，2009（2）：84－91．

[13] 胡卫鹏，时勘．组织承诺研究的进展与展望 [J]．心理科学进展，2004，12（1）：103－110．

[14] 黄培伦，林芳．组织支持感研究述评 [J]．工业技术经济，2007（26）：21－24．

[15] 蒋建华，杨廷钫．员工忠诚度下降的原因与对策 [J]．江苏商论，2004（3）：103－105．

[16] 李锐，凌文辁．主管支持感研究述评及展望 [J]．心理科学进展，2008，16（2）：340－347．

[17] 李锐，凌文辁．上司支持感对员工工作态度和沉默行为的影响 [J]．商业经济与管理，2010，223（5）：31－38．

[18] 李秀娟，魏峰．打开领导有效性的黑箱：领导行为和领导下属关系研究 [J]．管理世界，2006（9）：87－93．

[19] 林美珍．员工对主管的忠诚感理论及其对企业管理实践的启示 [J]．现代管理科学，2013（6）：100－102．

[20] 凌文辁，方俐洛，艾尔卡．内隐领导理论的中国研究——与美国的研究进行比较 [J]．心理学报，1991（3）：236－242．

[21] 凌文辁，张治灿，方俐洛．中国职工组织承诺研究 [J]．中国社会科学，2001（2）：90－102．

[22] 凌文辁，杨海军，方俐洛．企业员工的组织支持感 [J]．心理学报，2006，38（2）：281－287．

[23] 柳士顺，凌文辁．多重中介模型及其应用 [J]．心理科学，2009，32（2）：433－435．

[24] 刘智强，廖建桥，等．员工自愿离职倾向关键性影响因素分析［J］．管理工程学报，2006（4）：142－145．

[25] 罗新兴，周慧珍．组织成员知觉主管支持对其离职倾向之影响——探讨工作负荷与成就动机之干扰作用［J］．人力资源管理学报，2006，6（4）：67－80．

[26] 马志强，刘敏，朱永跃．80后员工职业价值观与忠诚度关系研究［J］．技术经济与管理研究，2014（1）：54－58，

[27] 任孝鹏，王辉．领导－部属交换（LMX）的回顾与展望［J］．心理科学进展，2005，13（6）：788－797．

[28] 任真，王登峰．中国领导心理与行为实证研究二十年进展［J］．心理学探新，2008（1）：67－71．

[29] 宋利．人力资源管理实践对员工组织支持感和组织承诺的影响实证研究［J］．科技管理研究，2006（7）：157－160．

[30] 苏方国，赵曙明．组织承诺、组织公民行为与离职倾向关系研究［J］．科学学与科学技术管理，2005（8）：111－116．

[31] 谭晨，凌文辁．员工的组织承诺及其思考［J］．中国人力资源开发，2003（1）：17－19．

[32] 谭远发，王挺．员工忠诚度下降的原因及对策［J］．人才资源开发，2004（8）：18．

[33] 谭小宏，秦启文，潘孝富．企业员工组织支持感与工作满意度、离职意向的关系研究［J］．心理科学，2007（2）：441－443．

[34] 田辉．组织公平、组织承诺与离职倾向关系研究［J］．学习与探索，2014（2）：114－118．

[35] 王春秀．企业员工忠诚形成机理及培育与发展［J］．技术经济与管理研究，2011（11）：50－53．

[36] 王辉，刘雪峰．领导－部属交换对员工绩效和组织承诺的影响［J］．经济科学，2005（2）：4－101．

[37] 王辉，忻蓉，徐淑英．中国企业CEO的领导行为及对企业经营业绩的影响

[J]. 管理世界, 2006 (4): 87-96.

[38] 王垒, 陈怡, 严丽华, 等. 领导胜任特征: 员工知觉模型的建立 [J]. 中国人力资源开发, 2004 (5): 50-51.

[39] 王颖, 张生太. 组织承诺对个体行为、绩效和福利的影响研究 [J]. 科研管理, 2008 (3): 142-148.

[40] 王震, 宋萌, 孙健敏. 主管支持员工能让组织受益吗——主管组织化身的调节作用 [J]. 经济管理, 2014, 36 (3): 77-86.

[41] 徐哲俊, 金红英. 组织支持感与LMX对离职意图的影响 [J]. 中南大学学报 (社会科学版), 2011, 17 (2): 129-134.

[42] 魏江茹. 高科技企业知识员工组织支持和组织公民行为的关系研究 [J]. 软科学, 2010, 24 (4): 109-111.

[43] 卫林英, 楼旭明, 段兴民. 知识型员工主管承诺对其离职影响的实证研究——"跟随主管离职倾向"概念的提出 [J]. 现代管理科学, 2009 (2): 90-92.

[44] 谢宝国, 龙立荣. 职业生涯高原对员工工作满意度、组织承诺、离职意愿的影响 [J]. 心理学报, 2008 (40): 927-938.

[45] 谢宝国, 龙立荣. 优势分析方法及其应用 [J]. 心理科学, 2006, 29 (4) 922-925.

[46] 许百华, 张兴国. 组织支持感研究进展 [J]. 应用心理学, 2005 (4): 325-329.

[47] 徐晓锋, 车宏生, 陈慧. 组织支持理论及其对管理的启示 [J]. 中国人力资源开发, 2004 (5): 20-22.

[48] 袁凌, 詹晓青, 陈俊. 组织支持对组织公民行为影响的实证研究 [J]. 财经理论与实践, 2008, 29 (4): 102-106.

[49] 曾垂凯. 情感承诺对LMX与员工离职意向关系的影响 [J]. 管理评论, 2011, 24 (11): 106-113.

[50] 赵永新, 胡冬生. 人力资源管理实践对员工忠诚度的影响分析——基于广

东省建筑行业的实证研究［J］. 科学管理研究, 2009, 27（3）：100－104.

[51] 郑伯埙. 差序格局与华人组织行为［J］. 本土心理学研究, 1995（3）：142－149.

[52] 周明建, 宝贡敏. 主管承诺理论研究述评［J］. 心理科学进展, 2005, 13（3）：356－365.

[53] 周明建, 宝贡敏. 组织中的社会交换：由直接到间接［J］. 心理学报, 2005, 37（4）：535－541.

[54] 周明建, 叶文琴. 组织对员工的忠诚、员工的工作满意感和组织忠诚感与员工绩效［J］. 软科学, 2006, 20（3）：119－128.

[55] 周慧珍, 罗新兴. 员工的胜任能力及其与主管的背景特征相似性对离职倾向之影响——知觉主管支持的中介效果［J］. 国防管理学报, 2006, 27（2）：143－156.

[56] 张勉, 李树范. 雇员主动离职心理动因模型评述［J］. 心理科学进展, 2002（9）：330－344.

[57] 张生太, 杨蕊. 心理契约破裂、组织承诺与员工绩效［J］. 科研管理, 2011（12）：134－142.

[58] 张晓光. 影响组织与员工双向忠诚的因素［J］. 中国人力资源开发, 2005（7）：28－29.

[59] 张燕, 王辉, 樊景立. 组织支持对人力资源措施和员工绩效的影响［J］. 管理科学学报, 2008, 11（2）：120－131.

[60] ADAMS J S. Inequity in social exchange［J］. Advances in Experimental Social Psychology, 1965（2）：267－299.

[61] AGUINIS H, NESLER M S, QUIGLEY B M, et al. Perceptions of power：A cognitive perspective［J］. Social Behavior and Personality, 1994（22）：377－384.

[62] AIKEN L S, WEST S G, RENO R R. Multiple regression：Testing and interpreting interactions［J］. The Journal of the Operational Research Socie-

ty, 1994, 45 (1): 119-120.

[63] ALBERT S, ASHFORTH B, DUTTON J. Organizational identity and identification: Charting new waters and building new bridges [J]. Academy of Management Review, 2000, 25 (1): 13-17.

[64] ALBERT S, WHETTEN D. Organizational Identity [J]. Research in Organizational Behavior, 1985 (7): 263-295.

[65] NEWMAN, THANACOODYR, HUIW. The effects of perceived organizational support, perceived supervisor support and intra-organizational network resources on turnover intentions: A study of Chinese employees in multinational enterprises [J]. Personnel Review, 2012: 41 (1): 56-72.

[66] ALLEN D G, SHORE L M, GRIFFETH R W. The role of POS in the voluntary turnover process [J]. Journal of Management, 2003 (29): 99-118.

[67] ALLEN G, LYNN G, RODGER W. The Role of Perceived Organizational Support and Supportive Human Resource practices in the Turnover Process [J]. Journal of Management, 2003 (1): 99-118.

[68] Allen M W. Communication concepts related to perceived organizational support [J]. Western Journal of Communication, 1995 (59): 326-346.

[69] ALLEN N J, MEYER J P. The measurement and antecedents of affective, continuance and normative commitment to the organization [J]. Journal of Occupational Psychology, 1990 (63): 1-18.

[70] ANDREWS M C, KACMAR K M. Discriminating among organizational politics, justice, and support [J]. Journal of Organizational Behavior, 2001 (22): 347-366.

[71] ARMELI S, EISENBERGER R, FASOLO P, et al. Perceived organizational support and police performance: The moderating influence of socio-emotional needs [J]. Journal of Applied Psychology, 1998 (83): 288-297.

[72] ARYEE S, CHEN Z X. Leader-member Exchange in a Chinese Context:

Antecedents, the Mediating Role of Psychological Empowerment and Outcomes [J]. Journal of Business Research, 2006, 59 (7): 793.

[73] ASELAG J, EISENBERGER R. Perceived Organizational Support and Psychological Contracts: a Theoretical Integration [J]. Journal of Organizational Behavior, 2003, 24 (5): 491—509.

[74] ASHFORTH B E, MAEL F A. Social identity theory and the organization [J]. Academy of Management Review, 1989 (14): 20—39.

[75] ASHFORTH B, HARRISON S, CORLEY K. Identification in Organizations: An Examination of Four Fundamental Questions [J]. Journal of Management, 2008, 34 (3): 325—374.

[76] AUST P. Communicated values as indicators of organizational identity: A method for organizational assessment and its application in a case study [J]. Communication Studies, 2004, 55 (4): 515—534.

[77] AYDOGDU S, ASIKGIL B. An Empirical Study of the Relationship Among Job Satisfaction, Organizational Commitment and Turnover Intention [J]. International Review of Management and Marketing, 2001, 1 (3): 43—53.

[78] AZEN R, BUDESCU D V. The Dominance Analysis Approach for Comparing Predictors in Multiple Regression [J]. Psychological Methods, 2003 (8): 129—148.

[79] BABIN B J, BOLES J S. The effects of perceived co-worker involvement and supervisor support on service provider role stress, performance and job satisfaction [J]. Journal of Retailing, 1996, 72 (1): 57—75.

[80] BAMBER E M, IYER V M. Big 5 auditors' professional and organizational identification: Consistency or conflict [J]. Auditing: A Journal of Practice & Theory, 2002 (21): 21—38.

[81] BARON R M, KENNY D A. The moderator-mediator variable distinction in social psychological research: Conceptual, strategic, and statistical considerations

[J]. Journal of Personality and Social Psychology, 1986 (51): 1173-1182.

[82] BARTELS J, DOUWES R, DE JONG M, et al. Organizational identification during a merger: Determinants of employees' expected identification with the new organization [J]. British Journal of Management, 2006 (17): 49-67.

[83] BARTELS J, PETERS O, DE JONG M, et al. Horizontal and vertical communication as determinants of professional and organizational identification [J]. Personnel Review, 2010 (39): 210-226.

[84] BAUER T N, GREEN S G. The development of leader-member exchange: Alongitudinal test [J]. Academy of Management Journal, 1996 (39): 1538-1567.

[85] BECKER H S. Notes on the concept of commitment [J]. American Journal of Sociology, 1960 (66): 32-40.

[86] BECKER T E, BILLINGS R S. Profiles of commitment: An empirical test [J]. Journal of Organizational Behavior, 1993 (14): 177-190.

[87] BECKER T E, BILLINGS R S, EVELETH D M, et al. Foci and bases of employee commitment: implications for job performance [J]. Academy of Management Journal, 1996, 39 (2): 464-482.

[88] BELL S J, MENGUC B. The Employee-organization Relationship, Organizational Citizenship Behavior, and Superior Service Quality [J]. Journal of Retailing, 2001 (78): 131-146.

[89] BERGAMI M, BAGOZZI R P. Self-categorization, affective commitment and group self-esteem as distinct aspects of social identity in the organization [J]. The British Journal of Social Psychology, 2000 (39): 555-577.

[90] BISHOP J W, SCOTT D K, GOLDSBY M G. A construct validity study of commitment and perceived support variables: A multifunction approach across different team environments [J]. Group & Organization Manage-

ment, 2005, 30 (2): 153—180.

[91] BLUEDOM A. A Unified Model of Turnover from Organizations [J]. Human Relations, 1982 (35): 135—153.

[92] BOIVIE S, LANGE D, MCDONALD M, et al. Me or We: The Effects of CEO Organizational Identification on Agency Costs [J]. Academy of Management Journal, 2011 (54): 551—576.

[93] BOZEMAN D P, PERREWE P L. The effect of item content overlap on organizational commitment questionnaire-turnover cognitions relationship [J]. Journal of Applied Psychology, 2001 (86): 161—173.

[94] BUDESCU D V. Dominance analysis: A new approach to the problem of relative importance of predictors in multiple regression [J]. Psychological Bulletin, 1993 (114): 542—551.

[95] CHENEY G. On the various and changing meanings of organizational membership: a field study of organizational identification [J]. Communication Monographs, 1983 (50): 342—362.

[96] CHENEY G, TOMPKINS P. Coming to Terms with Organizational Identification and Commitment [J]. Central States Speech Journal, 1987, 38 (1): 1—15.

[97] CHEN Z X, FRANCESCO A M. Employee demography, organizational commitment, and turnover intentions in China: do cultural differences matter [J]. Human Relations, 2000 (53): 869—887.

[98] CHEN Z X. Further investigation of the outcomes of loyalty to supervisor: Job satisfaction and intention to stay [J]. Journal of Managerial Psychology, 2001 (16): 650—660.

[99] CHEN Z X, TSUI A S, FARH J L. Loyalty to supervisor vs. organizational commitment: Relationships to employee performance in China [J]. Journal of Occupational and Organizational Psychology, 2002 (75): 339—356.

[100] CHEN Z X, FRANCESCO A M. The relationship between the three components of commitment and employee performance in China [J]. Journal of Vocational Behavior, 2003 (62): 490−510.

[101] CHEN Z X, ARYEE S, LEE C. Test of a mediation model of perceived organizational support [J]. Journal of Vocational Behavior, 2005 (66): 457−470.

[102] CHENG B S, JIANG D Y. Supervisory loyalty in Chinese business enterprises: The relative effects of emic and etic constructs on employee effectiveness [J]. Indigenous Psychological Research in Chinese Society, 2000 (14): 65−114.

[103] CHENG B S, FARH J L, CHANG H F, et al. Guanxi, zhongcheng, competence, and managerial behavior in the Chinese context [J]. Chinese Journal of Psychology, 2002 (44): 151−166.

[104] CHENG B S, JIANG D Y, RILEY J H. Organizational commitment, supervisory commitment, and employee outcomes in the Chinese context: Proximal hypothesis or global hypothesis [J]. Journal of Organizational Behavior, 2003 (24): 313−334.

[105] CHENG B S, CHOU L F, HUANG M P, et al. Paternalistic leadership and subordinate responses: Establishing a leadership model in Chinese organizations [J]. Asian Journal of Social Psychology, 2004 (7): 89−117.

[106] CHEN Y, FRIEDMAN R, YU E, FANG W, et al. Supervisor-subordinate Guanxi: Developing a three-dimensional model and scale [J]. Management and Organization Review, 2009 (5): 375−399.

[107] COGLISER C C, SCHRIESHEIM C A. Exploring work unit context and leader-member exchange: A multi-level perspective [J]. Journal of Organizational Behavior, 2000 (21): 487−511.

[108] COLE M S, BRUCH H, VOGEL B. Emotion as mediators of the relations

between perceived supervisor support and psychological hardiness on employee cynicism [J]. Journal of Organizational Behavior, 2006, 27 (4): 463—484.

[109] CROPANZANO R, MITCHELL M S. Social exchange theory: an interdisciplinary review [J]. Journal of Management, 2005, 31 (6): 874—900.

[110] DAHL R A. The concept of power [J]. Behavioral Science, 1957 (2): 201—218.

[111] DECI E L. Effects of externally mediated rewards on intrinsic motivation [J]. Journal of Personality and Social Psychology, 1971 (18): 105—115.

[112] DECI E L, RYAN R M. The general causality orientations scale: Self-determination in personality [J]. Journal of Research in Personality, 1985 (19): 109—134.

[113] DECI E L, EGHRARI H, PATRICK B C, et al. Facilitating internalization: The self-determination theory perspective [J]. Journal of Personality, 1994 (62): 119—142.

[114] DECI E L, R M RYAN. The "what" and "why" of goal pursuits: Human needs and the self-determination of behavior [J]. Psychological Inquiry, 2000, 11 (4): 227—268.

[115] DELUGA R J, PERRY T J. The relationship of subordinate upward influencing behavior, satisfaction and perceived superior effectiveness with leader-member exchanges [J]. Journal of Occupational Psychology, 1991 (64): 239—252.

[116] DIENESCH R M, LIDEN R C. Leader-member exchange model of leadership: A critique and further development [J]. Academy of Management Review, 1986 (11): 618—634.

[117] DING YU JIANG, BOR SHIUAN CHENG. Affect-and role-based loyalty to supervisors in Chinese organizations [J]. Asian Journal of Social Psy-

chology, 2008 (11): 214-221.

[118] DIRKS K T, FERRIN D L. Trust in leadership: Meta-analytic findings and implications for research and practice [J]. Journal of Applied Psychology, 2002 (87): 611-628.

[119] DOCJERY T M, STEINER D D. The role of the initial interaction in leader-member exchange [J]. Group and Organization Studies, 1990 (15): 395-413.

[120] DUNEGANS K L, DUCHON D, UHL BIEN M. Examining the Link Between Leader-member Exchange and Subordinate Performance [J]. Journal of Management, 1992 (18): 215-239.

[121] EDWAR J, LAWLER, SHANE R THYE. Bringing Emotions into Social Exchange Theory [J]. Annu. Rev. Social, 1999 (25): 217-244.

[122] EDWARDS J R, LAMBERT L S. Methods for integrating moderation and mediation: a general analytical framework using moderated path analysis [J]. Psychological Methods, 2007, 12 (1): 1-22.

[123] EDWAEDS M R. HR, Perceived organizational support and organizational identification: an analysis sfter organizational formation [J]. Human Resource Management Journal, 2009 (19): 91-115.

[124] EDWARDS M R, PECCEI R. Perceived organizational support: organizational identification, and employ outcomes [J]. Journal of Personel Psychology, 2010 (9): 17-26.

[125] EDWARDS M R, PECCEI R. Organizational identification: development and testing of a conceptually grounded measure [J]. European Journal of Work and Organizational Psychology, 2007 (16): 25-57.

[126] EISENBERGE R R, ARMELI S, REXW INKEL B, et al. Reciprocation of perceived organizational support [J]. Journal of Applied Psychology, 2001 (86): 42-51.

[127] EISENBERGER R, COTTERELL N, MARVEL J. Reciprocation ideology [J]. Journal of Personality and Social Psychology, 1987 (53): 743—750.

[128] EISENBERGER R, CUMMINGS J, ARMELI S, et al. Perceived organizational support, discretionary treatment, and job satisfaction [J]. Journal of Applied Psychology, 1997 (82): 812—820.

[129] EISENBERGER R, FASOLO P, DAVIS-LAMASTRO V. Perceived organizational support and employee diligence, commitment, and innovation [J]. Journal of Applied Psychology, 1990 (75): 51—59.

[130] EISENBERGER R, HUNTINGTON R, HUTCHISON S, et al. Perceived organizational support [J]. Journal of Applied Psychology, 1986 (71): 500—507.

[131] EISENBERGER R, STINGLHAMBER F, VANDENBERGHE C, et al. Perceived supervisor support: Contributions to perceived organizational support and employee retention [J]. Journal of Applied Psychology, 2002, 87 (3): 565—573.

[132] ELFENBEIN H A. Emotion in organizations: A review and theoretical integration [J]. Academy of Management Annals, 2008 (1): 315—386.

[133] EMERSON R M. Power-dependence relations [J]. American Sociological Review, 1962 (27): 31—41.

[134] EMERSON R M. Social exchange theory [J]. Annual Review of Sociology, 1976 (2): 335—362.

[135] FARH J L, CANNELLA A A, LEE C. Approaches to scale development in Chinese management research [J]. Management and Organization Review, 2006, 2 (3): 1—18.

[136] FARH J L, HACKETT R D, LIANG J. Individual-level cultural values as moderators of perceived organizational support-employee outcomes relationships: Comparing the effects of power distance and traditionality [J]. Acade-

my of Management Journal, 2007 (50): 715—729.

[137] FARH J L, TSUI A S, XIN K R, et al. The influence of relational-demography and Guanxi: The Chinese case [J]. Organization Science, 1998 (9): 471—488.

[138] FARKAS A, TETRICK L E. A three-wave longitudinal analysis of the causal ordering of satisfaction and commitment on turnover decisions [J]. Journal of Applied Psychology, 1989 (74): 855—868.

[139] FIRTH L, MELLOR D J, MOORE K A, et al. How can managers reduce employee intention to quit [J]. Journal of Managerial Psychology, 2004, 19 (2): 170—87.

[140] FISHER C D. Antecedents and consequences of real-time affective reactions at work [J]. Motivation and Emotion, 2002 (26): 1—30.

[141] FISKE S T. Controlling other people: The impact of power on stereotyping [J]. American Psychologist, 1993 (48): 621—628.

[142] GAGNON M A, MICHAEL J H. Outcomes of perceived supervisor support for wood production employees [J]. Forest Product Journal, 2005, 54 (12): 172—177.

[143] GERSTNER C R, DAY D V. Meta-analytic review of Leader-Member Exchange Theory: Correlates and construct issues [J]. Journal of Applied Psychology, 1997 (82): 827—844.

[144] GIESSNER S R, VAN KNIPPENBERG D. "License to fail": Goal definition, leader group prototypicality, and perceptions of leadership effectiveness after leader failure [J]. Organizational Behavior and Human Decision Processes, 2008 (105): 14—35.

[145] GIESSNER S R, VAN KNIPPENBERG D, SLEEBOS E. License to fail? How leader group prototypicality moderates the effects of leader performance on perceptions of leadership effectiveness [J]. The Leadership Quar-

terly, 2009 (20): 434—451.

[146] GOULDNER A W. The norm of reciprocity: a preliminary statement [J]. American Sociological Review, 1960 (25): 161—178.

[147] GOULDNER, H. P. Dimensions of organizational commitment [J]. Administrative Science Quarterly, 1960 (4): 468—490.

[148] GRAEN G B, UHL-BIEN M. Relationship-based approach to leadership: Development of leader-member exchange (LMX) theory of leadership over 25 years: Applying a multi-level multi-domain perspective [J]. Leadership Quarterly, 1995 (6): 219—247.

[149] GREEN S G, ANDERSON S E, SHIVERS S L. Demographic and organizational influences on leader-member exchange and related work attitudes [J]. Organizational Behavior and Human Decision Processes, 1996 (66): 203—214.

[150] GRIFFETH R W, HOM P W, GAERTNER S. A meta-analysis of antecedents and correlates of employee turnover: Updated moderator tests and research implications for the next millennium [J]. Journal of Management, 2000 (26): 463—488.

[151] GRIFFIN M A, PATTERSON M G, WEST M A. Job satisfaction and teamwork: The role of supervisor support [J]. Journal of Organizational Behavior, 2001, 22 (5): 537—550.

[152] HACKETT R D, BYCIO P, HAUSDORF P A. Further assessments of Meyer and Allen's 1991 three component model of organizational commitment [J]. Journal of Applied Psychology, 1994 (79): 15—23.

[153] HALL D T, SCHNEIDER B, NYGREN H T. Personal factors in organizational identification [J]. Administrative Science Quarterly, 1970 (15): 176—190.

[154] HOGG M A, VAN KNIPPENBERG D, RAST D E. The social identity theory of leadership: Theoretical origins, research findings, and conceptual

developments [J]. European Review of Social Psychology, 2012, 23 (1): 258—304.

[155] HOFFMAN D A, MORGESON F P. Safety-related behavior as a social exchange: The role of perceived organizational support and leader-member exchange [J]. Journal of Applied Psychology, 1999 (84): 286—296.

[156] HOMANS G C. Social behavior as exchange [J]. American Journal of Sociology, 1958, 63 (6): 597—606.

[157] HOM P W, CARANIKAS-WALKER F, PRUSSIA G E, et al. A meta-analytical structural equations analysis of a model of employee turnover [J]. Journal of Applied Psychology, 1992 (78): 890—909.

[158] HOM P W, GRIFFETH R W. Structural equations modeling test of a turnover theory: Cross-sectional and longitudinal analysis [J]. Journal of Applied Psychology, 1991 (76): 350—366.

[159] HUI C, LEE C, ROUSSEAU D M. Employment relationships in China: Do workers relate to the organization or to people [J]. Organization Science, 2004, 15 (2): 232—240.

[160] HUNT S D, MORGAN R M. Organizational commitment: One of many commitments or key-mediating construct [J]. Academy of Management Journal, 1994 (37): 1568—1587.

[161] HUTCHISON S. A path model of perceived organizational support [J]. Journal of social behavior and personality, 1997 (12): 159—174.

[162] HUTCHISON S. Perceived organizational support: Further evidence of construct validity [J]. Educational and Psychology Measurement, 1997 (57): 1025—1034.

[163] HUTCHISON S, Garstka M. Sources of perceived organizational support: Goal setting and feedback [J]. Journal of Applied Social Psychology, 1996 (26): 1351—1366.

[164] HWANG K K. Face and favor: The Chinese power game [J]. American Journal of Sociology, 1987, 92 (4): 944—974.

[165] HWANG K K. Filial piety and loyalty: Two types of social identification in confucianism [J]. Asian Journal of Social Psychology, 1999 (2): 163—183.

[166] ILIES R, NAHRGANG J, MORGESON F P. Leader-member exchange and citizenship behaviors: A meta-analysis [J]. Journal of Applied Psychology, 2007 (92): 269—277.

[167] ITO J K, BROTHERIDGE C M. Does supporting employee's career adaptability lead to commitment, turnover, or both [J]. Human Resource Management, 2005 (44): 5—19.

[168] JAMES L R. Aggregation bias in estimates of perceptual agreement [J]. Journal of Applied Psychology, 1982 (67): 219—229.

[169] JEFFREY H G, SAROJ P, WAYNE M W. Effects of race on organizational experiences, job performance evaluations, and career outcomes [J]. Academy of Management Journal, 1990, 33 (1): 64—86.

[170] JONES-JOHNSON G, JOHNSON W R. Subjective underemployment and psychosocial stress: The role of perceived social and supervisor support [J]. Journal of Social Psychology, 1992, 132 (1): 11—21.

[171] JONSON J M, LEBRETON J M. History and use of relative importance indices in organizational research [J]. Organizational Research Methods, 2004 (7): 238—257.

[172] KALLIAH T J, BECK A. Is the path to burnout and turnover paved by the lack of supervisory support: a structural equations test [J]. New Zealand Journal of Psychology, 2001 (30): 72—78.

[173] KAUFMAN J D, STAMPER C L, TESLUK P E. Do supportive organizations make for good corporate citizens [J]. Journal of Managerial Issues, 2001, 13 (4): 436—449.

[174] KOTTKE J L, SHARAFINSKI C E. Measuring perceived supervisory and organizational support [J]. Educational and Psychological Measurement, 1988 (48): 1075−1079.

[175] KRAIMER M L, WAYNE S J. An examination of perceived organizational support as a multidimensional construct in the context of an expatriate assignment [J]. Journal of Management, 2004 (30): 209−237.

[176] KREINER G E, ASHFORTH B E. Evidence toward an expanded model of organizational identification [J]. Journal of Organizational Behavior, 2004 (25): 1−27.

[177] LEE T W, MITCHELL T R. An alternative approach: The unfolding model of voluntary employee turnover [J]. Academy of Management Review, 1994 (19): 51−89.

[178] LEVINSON H. Reciprocation: The relationship between man and organization [J]. Administrative Science Quarterly, 1965, 9 (4): 370−390.

[179] LINDA R, ROBERT E, STEPHEN A. Affective commitment to the organization: the contribution of perceived organizational support [J]. Journal of Applied Psychology, 2001, 86 (5): 825−836.

[180] LIDEN R C, MASLYN J M. Multidimensionality of Leader-member Exchange: An empirical assessment through scale development [J]. Journal of Management, 1998 (24): 43−72.

[181] LIDEN R C, SPARROWE R T, WAYNE S J. Leader-member exchange theory: The past and potential for the future [J]. Research in Personnel and Human Resource Management, 1997 (15): 47−119.

[182] LIDEN R C, WAYNE S J, STILLWELL1 D. A longitudinal study on the early development of leader-member exchanges [J]. Journal of Applied Psychology, 1993 (78): 662−674.

[183] LING W, ZHANG Z, FANG L. A study of the organizational commitment

of Chinese employees [J]. Social Sciences in China, 2001 (2): 90-102.

[184] LORD R G, BROWN D J, HARVEY J L, et al. Contextual constraints on prototype generation and their multi-level consequences for leadership perceptions [J]. Leadership Quarterly, 2001 (12): 311-338.

[185] MAEL F A, TETRICK L E. Identifying organizational identification [J]. Educational and Psychological Measurement, 1992 (52): 813-824.

[186] MAERTZ C P, CAMPION M A. Profiles in quitting: Integrating content and process turnover theory [J]. Academy of Management Journal, 2004 (47): 566-582.

[187] MAERTZ C P, GRIFFETH R W, CAMPBELL N S, et al. The effects of perceived organizational support and perceived supervisor support on employee turnover [J]. Journal of Organizational Behavior, 2007 (28): 1059-1075.

[188] MAERTZ C P, GRIFFETH R W. Eight motivational forces and voluntary turnover: A theoretical synthesis with implications for research [J]. Journal of Management, 2004 (30): 667-683.

[189] MAERTZ C P, STEVENS M J, CAMPION M A. A turnover model for the Mexican maquiladoras [J]. Journal of Vocational Behavior, 2003 (63): 111-135.

[190] MASLVN J M, UHL-BIEN M. Leader-member Exchange and it is dimensions: Effects of self-effort and other's effort on relationship quality [J]. Journal of Applied Psychology, 2001 (86): 697-708.

[191] MATHIEU J E, ZAJAC D M. A review and meta-analysis of the antecedents, correlates and consequences of organizational commitment [J]. Psychological Bullentin, 1990 (108): 171-194.

[192] MACEVOY G M, CASCIO W F. Strategies for reducing employee turnover: ameta-analysis [J]. Journal of Applied Psychology, 1985 (70): 342-353.

[193] MIGNONAC K, HERRBACH. Linking work events, affective states, and attitude: an empirical study of managers', emotions [J]. Journal of business and psychology, 2004 (19): 221−240.

[194] MEYER S P, ALLEN N J. Testing the Side-bet Theory of Organizational Commitment: Some Methodological Considerations [J]. Journal of applied psychology, 1984, 69 (3): 372−378.

[195] MEYER J P, ALLEN N J. A three-component conceptualization of organizational commitment [J]. Human resource management review, 1991 (1): 61−89.

[196] MEYER J P, SMITH C A. HRM practices and organizational commitment: test of a mediation model [J]. Canadian journal of administrative sciences, 2000, 17 (4): 319−332.

[197] MILLER V D, ALLEN M, CASEY M, et al. Reconsidering the organizational identification questionnaire [J]. Management Communication Quarterly, 2000 (13): 628−658.

[198] MITCHELL T, HOLTOM B, LEE T, et al. Why people stay: Using job embeddedness to predict voluntary turnover [J]. Academy of management journal, 2001 (44): 1102−1121.

[199] MORGAN J M, REYNOLDS C M, NELSON T J, et al. Tales from the fields: sources of employee identification in agribusiness [J]. Management communication quarterly, 2004 (17): 360−395.

[200] MOORMAN R H, BLAKELY G L, NIEHOFF B P. Does perceived organizational support mediate the relationship between procedural justice and organizational citizenship behavior [J]. Academy of management journal, 1998 (41): 351−357.

[201] MORROW P C, MCELROY J C. Introduction: understanding and managing loyalty in a multi-commitment world [J]. Journal of business research,

1993 (26): 12.

[202] MOWDAY R T, STEER R M, Porter L W. The measurement of organizational commitment [J]. Journal of Vocational Behavior, 1979 (14): 224−247.

[203] NEWMAN ALEXANDER, RANI THANACOODY, WENDY HHUI. The effects of perceived organizational support, perceived supervisor support and intra-organizational network resources on turnover intentions: A study of Chinese employees in multinational enterprises [J]. Personnel Review, 2012, 41 (2): 56−72.

[204] ODRISCOLL M P, RANDALL D M. Perceived Organizational Support, Satisfaction with Rewards, and Employee Job Involvement and Organizational Commitment [J]. Applied Psychology, 1999, 48 (2): 197−209.

[205] O'DRISCOLL M P, POELMANS S, SPECTOR P E. Family-responsive interventions, perceived organizational and supervisor support, work-family conflict, and psychological strain [J]. International Journal of Stress Management, 2003, 10 (4): 326−344.

[206] O'REILLY C A, CHATMAN J A. Organizational commitment and psychological attachment: The effects of compliance, identification, and internalization on prosocial behavior [J]. Journal of Applied Psychology, 1986 (71): 492−499.

[207] ORGAN D W. The motivational basis of organizational citizenship behavior [J]. Research in Organizational Behavior, 1997 (23): 23−32.

[208] PLATOW M J, VAN KNIPPENBERG D. A social identity analysis of leadership endorsement: The effects of leader ingroup prototypicality and distributive intergroup fairness [J]. Personality and Social Psychology Bulletin, 2001 (27): 1508−1519.

[209] PORTER L W, STEER R M, MOWDAY R T, et al. Organizational commitment, job satisfaction, and turnover among psychiatric technicians [J].

Journal of Applied Psychology, 1974 (59): 603—609.

[210] PREACHER K J, HAYES A F. Asymptotic and resampling strategies for assessing and comparing indirect effects in multiple mediator models [J]. Behavior Research Methods, 2008, 40 (3): 879—891.

[211] PRUITT D G. Reciprocity and credit building in a laboratory dyad [J]. Journal of Personality and Social Psychology, 1968 (8): 143—147.

[212] RANDALL M L, CROPAMZANO R, BORMANN C A. Organizational politics and organizational support as predictors of work attitudes, job performance, and organizational citizenship behavior [J]. Journal of Organizational Behavior, 1999, 20 (4): 159—174.

[213] REICHERS A E. A review and reconceptualization of organizational commitment [J]. Academy of Management Review, 1985 (10): 465—476.

[214] RHOADES L, EISENBERGER R, ARMELI S. Affective commitment to the organization: The contribution of perceived organizational support [J]. Journal of Applied Psychology, 2001 (86): 825—836.

[215] RHOADES L, EISENBERGER R. Perceived organizational support: a review of the literature [J]. Journal of Applied Psychology, 2002 (87): 698—714.

[216] RICHARD M, RYAN, EDWARD L D. Self-Determination theory and the facilitation of intrinsic motivation, social development, and well-Being [J]. The American Psychologist, 2000, 55 (1): 68—78.

[217] RIKETTA M. Organizational identification: A meta-analysis [J]. Journal of Vocational Behavior, 2005 (66): 358—384.

[218] ROBERT E, FLORENCE S, CHRISTIAN V, et al. Perceived Supervisor Support: Contributions to Perceived Organizational Support and Employee Retention [J]. Journal of Applied Psychology, 2002, 87 (3): 565—573.

[219] ROUSSEAU D M. Why workers still identify with organizations [J]. Journal of Organizational Behavior, 1998 (19): 217—233.

[220] SCANDURA T A, GRAEN G B. Moderating Effects of Initial Leader-member Exchange Status on the Effects of a Leadership Intervention [J]. Journal of Applied Psychology, 1984 (69): 428—436.

[221] SCHRIESHEIM C A, CASTRO S L, COGLISET C C. Leader-member exchange (LMX) research: A comprehensive review of theory, measurement, and data-analytic practice [J]. Leadership Quarterly, 1999 (10): 63—114.

[222] SCHRIESHEIM C A, NEIDER L L, SCANDURA T A, TEPPER B J. Development and preliminary validation of a new scale (LMX-6), to measure leader-member exchange in organizations [J]. Educational and Psychological Measurement, 1992 (52): 135—147.

[223] SCHRIESHEIM C A, NEIDER L L, SCANDURE T A. Delegation and leader-member exchange: Main effects, moderators, and measurement issues [J]. Academy of Management Journal, 1998 (41): 298—318.

[224] SCOTT C, CORMAN S, CHENEY G. Development of a structurational model of identification in the organization [J]. Communication Theory, 1998, 8 (3): 298—336.

[225] SCHORDT PAUL. The relationship between organizational identification and organizational culture: Employee perceptions of culture and identification in a retail sales organization [J]. Communication Studies, 2002, 53 (2): 189—202.

[226] SETTON R P, BENNETT N, LIDEN R C. Social exchange in organizations: Perceived organizational support, leader-member exchange, and employee reciprocity [J]. Journal of Applied Psychology, 1996 (81): 219—227.

[227] SHANOCK R L, EISENBERGER R. When supervisors feel supported: relationships with subordinates. perceived supervisor support, perceived organizational support, and performance [J]. Journal of Applied Psychology,

2006, 91 (3): 689—695.

[228] SHAW J D, DELERY J E, JENLINS G D et al. An organization-level analysis of voluntary and involuntary turnover [J]. Academy of Management Journal, 1998 (41): 511—525.

[229] SHORE L M, TETRICK L E. A construct validity study of the survey of Perceived Organizational Support [J]. Journal of Applied Psychology, 1991 (76): 637—643.

[230] SHORE L M, TETRICK L E, TAYLOR M S. The employee-organization relationship: A timely concept in a period of transition [J]. Research in Personnel and Human Resources Management, 2004 (23): 291—370.

[231] SHORE L M, WAYNE S J. Commitment and employee behavior: comparison of affective commitment and continuance commitment with perceived organizational support [J]. Journal of Applied Psychology, 1993 (78): 774—780.

[232] SIGAL G BARSADE, DONALD E GIBSON. Why Does Affect Matter in Organizations [J]. Academy of Management Perspectives, 2007, 21 (1): 36—59.

[233] SMIDTS A, PRUYN A T H, VAN RIEL C B M. The impact of employee communication and perceived external image on organizational identification [J]. Academy of Management Journal, 2001 (44): 1051—1062.

[234] SPARROWE R T, LIDEN R C. Process and structure in leader-member exchange [J]. Academy of Management Review, 1996 (22): 522—552.

[235] STAMPER C L, JONLKE M C. The impact of perceived organizational support on the relationship between boundary spanner role stress and work outcomes [J]. Journal of Management, 2003, 29 (4): 569—588.

[236] GIESSNER S R, VAN KNIPPENBERGD, VAN GINKELW, et al. Team-Oriented Leadership: The Interactive Effects of Leader Group Proto-

typicality, Accountability, and Team Identification [J]. Journal of Applied Psychology, 2013, 98 (4): 658—667.

[237] STINGLHAMBER F, VANDENBERGHE C. Organizations and supervisors as sources of support and targets of commitment: A longitudinal study [J]. Journal of Organizational Behavior, 2003, 24 (3): 251—270.

[238] STINGLHAMBER F, CREMER D D, MERCKEN L. Perceived support as a mediator of the relationship between justice and trust [J]. Group & Organization Management, 2006, 31 (4): 442—468.

[239] SKYKER S, BURKE P J. The past, present, and future of an identity theory [J]. Social Psychology Quarterly, 2000 (63): 284—297.

[240] SUSSKIND A M, BORCHGREVINK C P, KACMAR K M, et al. Customer Service Employees' Behavioral Intentions and attitudes: An Examination of Construct Validity and A Path Model [J]. International Journal of Hospitality Management, 2000, 19 (1): 52—77.

[241] ISLAMAT, et al. Turnover Intentions: The Influence of Perceived Organizational Support and Organizational Commitment [J]. Procedia-Social and Behavioral Sciences, 2013 (103): 1238—1242.

[242] GREEN T B, KNIPPEN J T. Showing Loyalty to Your Boss [J]. Management Decision, 1991, 29 (4): 28—30.

[243] TOFIGHI D, MACKINNON D P. RMediation: An R package for mediation analysis confidence intervals [J]. Behavior Research Methods, 2011 (43): 692—700.

[244] VANDENBERGHE C, BENTEIN K, MICHON R, et al. An examination of the role of perceived organizational support and employee commitment in employee-customer encounters [J]. Journal of Applied Psychology, 2007 (92): 1177—1187.

[245] VAN DICK R, WAGNER U, STELLMACHER J, et al. The utility of a

broader conceptualization of organizational identification: which aspects really matter [J]. Journal of Occupational and Organizational Psychology, 2004 (77): 171—191.

[246] VAN KNIPPENBERY B, VAN KNIPPENBERY D. Leader self-sacrifice and leadership effectiveness: The moderating role of leader prototypicality [J]. Journal of Applied Psychology, 2005 (90): 25—37.

[247] VAN KNIPPENBERY D, SLEEBOS E. Organizational Identification versus organizational commitment: Self-definitions, social exchange, and job attitudes [J]. Journal of Organizational Behavior, 2006 (27): 585—605.

[248] VIANEN A E V, PATER I E D, DIJK F V. Work value fit and turnover intention: same-source or different-source fit [J]. Journal of Managerial Psychology, 2007 (22): 188—202.

[249] VISW ESVARAN C, SANCHEZ J L, FISHER J. The role of social support in the process of work stress: A meta-analysis [J]. Journal of Vocational Behavior, 1999 (54): 314—324.

[250] WALTER F, BRUCH H. An affective events model of charismatic leadership behavior: a review, theoretical integration, and research agenda [J]. Journal of Management, 2009 (35): 1428—1452.

[251] WAYNE S J, SHORE M, LIDEN R C. Perceptions of organizational support and leader-member exchange: A social exchange perspective [J]. Academy of Management Journal, 1997, 40 (1): 82—111.

[252] WAYNE A H, CHARLES K, PAMELA L P. Perceived Organizational support at a Mediator of the Relationship Between Politics Perceptions and work Outcomes [J]. Journal of Vocational Behavior, 2003 (4): 438—456.

[253] WAYNE S J, GREEN S A. The effects of leader-member exchange on employee citizenship and impression management behavior [J]. Human Relations, 1993 (46): 1431—1440.

[254] WEGGE J, VAN DICK, FISHER G K, et al. A test of basic assumptions of affective events theory (AET) in call centre work [J]. British Journal of Management, 2006 (17): 237—254.

[255] WEISS H M. Deconstructing job satisfaction. Separating evaluations, beliefs and affective experiences [J]. Human Resource Management Review, 2002 (12): 173—194.

[256] WEISS H M, CROPANZANO R. Affective Events Theory: A theoretical discussion of the structure, causes and consequences of affective experiences at work [J]. Research in Organizational Behavior, 1996 (18): 1—74.

[257] VAN GINKELW, SLEEBOSE. Team-Oriented Leadership: The interactive effects of leader group prototypicality, accountability, and team identification [J]. Journal of Applied Psychology, 2013, 98 (4): 658—667.

[258] WILLIAMS L J, HAZER J T. Antecedents and Consequences of Satisfaction and Commitment in Turnover Models: A reanalysis using latent variable structural equation methods [J]. Journal of Applied Psychology, 1986 (71): 219—231.

[259] WITT L A. Exchange Ideology as a Modera Tor of Job Attitudes-organizational Citizenship Behaviors Relationships [J]. Journal of Applied Social Psychology, 1991 (21): 1490—1501.

[260] WONG Y T, WONG C S, NGO H Y. Loyalty to Supervisor and Trust in Supervisor of Workers in Chinese Joint Ventures: a test of two competing models [J], International Journal of Human Resource Management, 2003, 13 (6): 883—900.

[261] WONG C S, HUANG I C. The Role of Perceived Quality of Social Relationships within Organizations in Chinese Societies [J]. International Journal of Management, 2003 (20): 216—222.

[262] YOON J, LIM J C. Organizational Support in the Workplace: The case of

Korean hospital employees [J]. Human Relations, 1999 (52): 923－945.

[263] ZHANG Y, FARH J L, WANG H. Organizational Antecedents of Perceived Organizational Support in China: A grounded investigation [J]. International Journal of Human Resource Management, 2012 (23): 422－446.

[264] CHEN Z X, FRANCESCO A M. Employee Demography, Organizational Commitment, and Turnover Intentions in China: Do Cultural Differences Matter [J]. Human Relations, 2010 (53): 869－887.

其他文献

[1] ALLEN D, SHORE L, GRIFFETH R. A model of perceived organizational support [Z]. Unpublished manuscript, University of Memphis and Georgia State University, 1999.

[2] AQUINO K, GRIFFETH R W. An exploration of the antecedents and consequences of perceived organizational support: A longitudinal study [Z]. Unpublished manuscript, University of Delaware and Georgia State University, 1999.

[3] CHENEY G. Organizational identification as process and product: A field study [Z]. Unpublished master's thesis, Purdue University, 1982.

[4] MALATESTA R M. Understanding the dynamics of organizational and supervisory commitment using a social exchange framework [Z]. Unpublished doctoral dissertation, Wayne State University, 1995.

附　　录

编号	

主管自评问卷

尊敬的（　　）先生或女士：

您好！作为主管，您是组织的重要主体之一。为了解您与组织的融合程度，我们设计了这份问卷，希望您能按照自己对组织的真实感受来填写。答案没有"对"和"错"之分，只要能反映您的真实感受就行。组织中的任何人，都不会看到您所填的答案。问卷收集后，我们会使用电脑来做整体分析，而不针对每份问卷做个别处理。也就是研究结果完全不会反映您个人的真实情况，而只是反映所有填答者的整体情况，所以请您完全放心作答。

非常感谢您的忠诚合作！

第一部分　个人背景信息

以下是您个人的背景信息，请您将答案填在相应空格上。

G1. 您的性别是：_____。

（1）男　　　　　（2）女

G2. 您的年龄在：_____。

（1）30岁以下　　（2）30—40岁　　（3）41—50岁　　（4）51岁及以上

G3. 您的学历属于下面的：_____。

（1）大学专科以下 （2）大学专科　（3）大学本科　（4）硕士及以上

G4. 您目前的岗位是：_____。

（1）基层管理者　（2）中层管理者　（3）高层管理者

G5. 您在目前组织任职的时间是 $G5_1$ 年，您担任目前职位的时间是：$G5_2$ 年。

G6. 您所管理的下属人数是：_____人。

第二部分　自我感知的组织原型

下列题项描述的是您对自己作为组织化身的感知。请根据您的感受，圈选合适答案。

题　项	非常不同意	不同意	有点不同意	有点同意	同意	非常同意
1. 在我身上体现了组织的基本规范。	1	2	3	4	5	6
2. 我是组织成员类型的一个好例子。	1	2	3	4	5	6
3. 我与我们组织的成员有很多共同点。	1	2	3	4	5	6
4. 我体现了组织的基本特征。	1	2	3	4	5	6
5. 我非常类似于我们组织的成员。	1	2	3	4	5	6
6. 我像我们组织的成员。	1	2	3	4	5	6

编号 _____

员工调查问卷

尊敬的_____先生或女士：

您好！这份问卷的目的在于了解您对于自己、主管和组织的一些个人感受。答案没有"对"和"错"之分，只要能反映您的真实感受就行。组织中的任何人，都不会看到您所填的答案。问卷收集后，我们会使用电脑来做整体分析，而不针对每份问卷做个别处理。也就是研究结果完全不会反映您个人的真实情况，而只是反映所有填答者的整体情况，所以请您完全放心作答。特别恳请您拨冗协助调查。

非常感谢您的忠诚合作！

第一部分 个人背景信息

以下是您个人的背景信息，请您将答案填在相应空格上。

G1. 您的性别：＿＿＿＿＿＿＿＿。

（1）男　　　　　（2）女

G2. 您的年龄在：＿＿＿＿＿＿＿＿。

（1）30 岁以下　　（2）30—40 岁　　（3）41—50 岁　　（4）51 岁及以上

G3. 您的学历属于下面的：＿＿＿＿＿＿＿＿。

（1）大学专科以下（2）大学专科　　（3）大学本科　　（4）硕士及以上

G4. 您目前的岗位是：＿＿＿＿＿＿＿＿。

（1）基层员工（2）基层管理人员（3）中层管理人员（4）高层管理人员

G5. 您担任目前职位的时间是：＿＿＿＿＿＿＿＿年。

G6. 您与现在主管共事的时间是：＿＿＿＿＿＿＿＿年。

第二部分 组织支持感调查

下列题项描述了您对组织支持的整体感受。请根据切身体验，在相应数字上画圈。

题　项	非常不同意	不同意	有点不同意	有点同意	同意	非常同意
1. 我的组织非常看重我的目标和价值。	1	2	3	4	5	6
2. 我的组织确实关心我的福祉。	1	2	3	4	5	6
3. 我的组织对我十分关心。	1	2	3	4	5	6

续表

题　项	非常不同意	不同意	有点不同意	有点同意	同意	非常同意
4. 我的组织会原谅我的无心之过。	1	2	3	4	5	6
5. 我的组织很在意我的意见。	1	2	3	4	5	6
6. 如果给机会，我的组织就会利用我。	1	2	3	4	5	6
7. 当我有问题的时候，我能够从我的组织获得帮助。	1	2	3	4	5	6
8. 当我需要特别帮助时，我的组织愿意帮助我。	1	2	3	4	5	6

第三部分　主管支持感调查

下列题项描述的是您对于主管支持的个人感受。请根据切身体验，在相应数字上画圈。

题　项	非常不同意	不同意	有点不同意	有点同意	同意	非常同意
1. 我主管会花费时间来了解我的职业目标和期望。	1	2	3	4	5	6
2. 我主管会关心我是否实现了自己的职业目标。	1	2	3	4	5	6
3. 我主管会让我了解组织中有利于我发展的不同职业机会。	1	2	3	4	5	6
4. 当我在工作中完成重要任务，我主管能够保证我获得相关荣誉。	1	2	3	4	5	6
5. 我主管会对我的绩效提供有益反馈。	1	2	3	4	5	6
6. 当我需要时，我主管会给我提供改进绩效的有益建议。	1	2	3	4	5	6
7. 为了我未来的职业生涯，我主管支持我努力获得额外培训教育。	1	2	3	4	5	6
8. 我主管会提供任务，让我有发展和巩固新技能的机会。	1	2	3	4	5	6
9. 我主管会给我分派特殊任务，以增强我在组织中的能见度。	1	2	3	4	5	6

第四部分　主管忠诚度调查

下列题项描述的是您与主管相处的情形。请根据您切身感受，圈选出最适合您的答案。

题　　项	非常不同意	不同意	有点不同意	有点同意	同意	非常同意
1. 当有人说我主管的坏话时，我会立刻捍卫我主管。	1	2	3	4	5	6
2. 我会将自己放在我主管的位置，来考虑他/她的利益。	1	2	3	4	5	6
3. 在几乎任何紧急情况，我都会支持我主管。	1	2	3	4	5	6
4. 当我主管受到不公正对待时，我会捍卫他/她。	1	2	3	4	5	6
5. 即使我主管不在现场，我也会竭尽全力做好他/她分派的任务。	1	2	3	4	5	6
6. 我会竭尽全力完成我主管分派的工作。	1	2	3	4	5	6
7. 我会认真地做好我的工作，以使我的主管不会担忧它。	1	2	3	4	5	6
8. 不管对我是否有利，我都愿意继续留在我主管手下工作。	1	2	3	4	5	6
9. 如果有可能，我乐于长期在我主管手下工作。	1	2	3	4	5	6
10. 即使别处有更好的选择，我也愿意留在我主管手下继续工作。	1	2	3	4	5	6
11. 只要我能在我主管手下工作，我就感到满意。	1	2	3	4	5	6
12. 当有人赞扬我主管时，我感觉就像在表扬我自己。	1	2	3	4	5	6
13. 当有人批评我主管时，我感觉就像在侮辱我个人。	1	2	3	4	5	6
14. 我主管的成功，就是我的成功。	1	2	3	4	5	6
15. 我对我主管的追随，主要是基于我和他/她的价值观相近。	1	2	3	4	5	6
16. 自这份工作开始以来，我与我主管的价值观变得更加相似了。	1	2	3	4	5	6
17. 我更喜欢我主管而不是他人，是因为我主管所代表的价值观。	1	2	3	4	5	6

第五部分　组织忠诚度调查

下列题项描述的是您对于组织的看法。请根据切身感受，圈选出最适合您的答案。

题 项	非常不同意	不同意	有点不同意	有点同意	同意	非常同意
1. 我很乐意效力于我所在的这家组织。	1	2	3	4	5	6
2. 当我向他人提起我是这家组织的一员时，我感到很骄傲。	1	2	3	4	5	6
3. 我真的感觉组织的问题，好像就是我自己的问题。	1	2	3	4	5	6
4. 组织对我来讲有很大的个人价值。	1	2	3	4	5	6
5. 在组织里，我有像是"大家庭中一员"的感觉。	1	2	3	4	5	6
6. 我对组织有很强的归属感。	1	2	3	4	5	6

第六部分　员工离职倾向调查

下列题项描述的是您想离职的程度。请根据切身感受，在表中圈选出最适合您的答案。

题 项	非常不同意	不同意	有点不同意	有点同意	同意	非常同意
1. 我常想放弃我现在的工作。	1	2	3	4	5	6
2. 明年我要离开这个组织，到另外一个组织工作。	1	2	3	4	5	6
3. 我打算留在这个组织，以便长期发展我的职业生涯。	1	2	3	4	5	6
4. 如果我留在这个组织，我不可能有好的未来。	1	2	3	4	5	6

第七部分　领导－成员交换关系调查

下列题项描述的是您对自己与主管交往的切身感受。请根据真实体验，圈画相应数字。

题 项	非常不同意	不同意	有点不同意	有点同意	同意	非常同意
1. 与主管在一起时，我一般知道自己该处的位置。	1	2	3	4	5	6
2. 我主管对我有足够的信心，因此如果我不在场，他/她就会捍卫并证明我决策的合法性。	1	2	3	4	5	6
3. 我主管知道到我的潜力所在。	1	2	3	4	5	6

续表

题　项	非常不同意	不同意	有点不同意	有点同意	同意	非常同意
4. 我和我主管的工作关系是有效的。	1	2	3	4	5	6
5. 我主管了解我的困难和需求所在。	1	2	3	4	5	6
6. 当我确实需要时,即使要花他/她自己的开销,我也能够指望我主管帮助我摆脱困境。	1	2	3	4	5	6
7. 无论我主管的职务有多大权力,他/她愿意用自己的权力来帮助我解决工作上的问题。	1	2	3	4	5	6

第八部分　主管组织地位感知调查

下列题项描述了您对于主管组织地位的感知。请根据亲身感受,在相应数字上画圈。

题　项	非常不同意	不同意	有点不同意	有点同意	同意	非常同意
1. 组织十分尊重我的主管。	1	2	3	4	5	6
2. 组织会给我主管做出重大决策的机会。	1	2	3	4	5	6
3. 组织十分看重我主管的贡献。	1	2	3	4	5	6
4. 组织给我主管尝试新事物的权力。	1	2	3	4	5	6
5. 组织会支持我主管做出的决策。	1	2	3	4	5	6
6. 我主管会参与影响整个组织的决策。	1	2	3	4	5	6
7. 我主管能够影响上层管理做出的决策。	1	2	3	4	5	6
8. 组织会让我主管按他自己想要的方式运作事情。	1	2	3	4	5	6
9. 当要决定新的政策和程序时,组织会给我主管提供咨询。	1	2	3	4	5	6
10. 组织会让我主管自由决定如何对待我。	1	2	3	4	5	6
11. 假如我主管决定离职,组织会试图说服他留下。	1	2	3	4	5	6
12. 即使我主管做得很好,组织也不会注意到。	1	2	3	4	5	6

后 记

切斯特·巴纳德（Chester I. Barnard）将正式组织定义为有意识地协调两个以上人的活动的一个系统。他认为这个定义适用于各种组织形式，从公司各个部门或子系统，直到由许多系统组成的整个社会。不管哪一级组织系统，全都包含着三种基本要素：协作意愿、共同目标和信息沟通。在切斯特·巴纳德眼中，组织就是一个复杂的社会协作系统，他也因此被人们誉为社会协作系统学派创始人。

在切斯特·巴纳德看来，协作意愿就是组织成功的精神纽带。因为任何一个组织都是由许多具有不同社会心理需求的个人构成的，如果组织中的每个人都不愿意相互协作，那么组织的目标就无法达成。好的组织能够使成员之间高效协作。组织成员有协作意愿，就意味着要适当克制自己，交出自己的控制权、个人行为和非个人化等。没有这种意愿，就不可能将不同组织成员的行为有机地结合起来，协调一致地行动，最终实现组织目标。

组织成员的协作意愿，除受个人伦理、道德修养、知识、技能、能力、经验等个体特质影响外，很重要的是会受组织情境和主管领导方式的影响。按照社会协作系统学派的观点，员工与主管、组织之间是会互相交换的。组织和主管对待员工的方式，只有被员工认同，才有可能激发员工的协作意愿。换言之，员工对组织和主管支持的感知，是员工形成协作意愿的基础。反之，若员工感知到组织和主管对自己是不支持的，则员工的协作意愿就会降低或消失，甚至出现反生产行为。因此，要探析员工的协作意愿或离职行为等，就要将员工放在组织和主管系统中，研究领导与成员之间的交换关系，及员工对组织和主管支持的感知。

虽然理论推演认为，组织、主管支持员工，员工也就会支持组织。但我在中国人民大学博士学习期间随导师到新疆某大型企业所做的咨询与调研，使我觉得答案并没有那么简单。通过查阅相关文献，可以发现组织中的社会交换活动往往是多主体、多层次、多方向进行的。员工与组织、员工与直接主管之间的交换，往往是交叉重叠地发生着。现有的研究分别验证了从组织支持感到组织承诺、从主管支持感到主管承诺这两条平行路径，但当出现参照体转换时，人们又会如何选择呢？也就是在同时出现从组织支持感到组织承诺、从主管支持感到主管承诺这两条平行路径基础上，又出现从组织支持感到主管承诺、从主管支持感到组织承诺这两条交叉路径时，人们又会如何选择路径呢？员工选择交叉路径的边界条件又是什么呢？这些问题推动我进一步去查阅文献，结果发现相关研究很少。经与导师商量，我就决定以"组织与主管支持感、员工忠诚度与离职倾向：内部机制及参照体转换"为题开展博士论文研究。

通过反复查阅中外相关文献、与老师同学研讨切磋、系统设计研究方案、深入新疆某大型企业调研、分析调研数据、提炼研究结论等；再经过严格的开题、中期检查、查重、预答辩、外审、正式答辩、学校再次抽查，及反复的修改与讨论，最终论文得于通过答辩。应该说，我的博士论文写作过程，就是一次自我心灵净化与提升过程。在文献研读、调研与写作过程中，我得以领略无数学术大师的精神风貌。我也深深感恩无数帮助我的人，从家人到老师到同学，从同事到领导到我调研单位的干部员工，没有他们的支持，我肯定无法完成我的博士论文。

这项研究对组织管理者有一定启示作用：注重提升员工对组织和主管支持的感知，将有利于直接降低员工的离职意愿；通过营造好的工作氛围，增加员工积极的情感体验和情感反应，进而提升员工对待组织和主管的积极态度，能够降低员工的离职倾向；重视提升主管的组织地位和主管的组织原型代表性，根据领导成员交换关系水平调整组织或主管的支持策略，促进组织中相关交换关系的参照体转换，能够提升组织与主管支持感对员工的作用效果，进一步降低员工离职倾向；老牌国有企业除了要保持组织支持感对员工的良好效用外，还应重视提升主管的组织原型代表性，提升主管支持感对员工的积极效用。上述管理启示，将有利于提升员工对组织支持或主管支持的感知，增强员工对组织或主管的情感承诺与忠诚，提高主管与组织的融合程度，并促进组织内部社会交换中的参照体转换，提升员工对组织和主管的积极情感反应，进一步降低员工离职倾向。

当然，这项研究也还有不足之处，如调查单位比较单一，样本容量不大，仅收集了横截面数据，还存在同源误差问题等。从组织和主管支持感、到组织和主管忠诚之间，也还有诸多因素（如员工对组织或主管的责任感、义务感、认同度、信任度等）需要考虑，而且影响员工与组织或主管交换中参照体转换的边界条件也还有许多因素。上述这些，还需要在今后做更加深入的研讨。

本书就是在我的博士论文基础上修改而成的，本出版获得了赣南师范大学博士启动基金的支持。在出版过程中我荣幸地得到了中国人民大学校友张君的鼎力支持，他耐心、细心、忠诚的服务，让我特别感动。当然，我也要特别感谢中国时代经济出版社的编辑对全书进行了细致编辑，使之完全符合出版规范。在此，我再次对所有帮助我完成博士论文调查、写作和本专著出版的贵人和组织，表示衷心的感谢！好人一生平安！

袁庆林
2019.03.06